IWANAMI TEXTBOOKS α

ジェンダーの社会学 入門

江原由美子／山田昌弘　Ehara Yumiko / Yamada Masahiro

岩波書店

はじめに

　「ジェンダーの社会学」とは，様々な社会現象や社会問題を，「性別や性差についての知識や社会通念」を意味する「ジェンダー」との関連性で読み解く社会学をいう．「ジェンダーの社会学」が成立した背後には，近代化に伴う男女間の社会関係の変容および対立激化と，それに伴う社会運動の高まりがあった．1960年代から1970年代，先進国を中心に大きなうねりとなった女性運動は，女性学という学問を生み出した．その後男性学も成立し，この双方から，「女らしさ」「男らしさ」に関する知識や社会通念（＝ジェンダー）が近代社会の形成において果たした役割の大きさが，強く認識されるようになった．当然「ジェンダー」は，我々が生きていく21世紀の日本社会を形成する上でも，非常に重要な役割を果たしていくに違いない．

　21世紀に入り，世界は激動ともいいうる社会変動に直面している．国境を越えて人・モノ・金・情報の移動が増大するグローバル化がいっそう勢いを増し，経済の国際競争が激化している．この過程で，世界各国で経済格差が拡大し，中流層が二極分解している．また，従来国民国家単位で維持されていた文化・教育・医療・福祉なども，グローバル化の流れに巻き込まれつつあり，制度的流動化や再編成を余儀なくされている．途上国の女性たちが先進国に移動して介護労働者や家事労働者になるなど，「再生産労働の国際分業」と呼ばれるような事態も，拡大の一途をたどっている．その結果，多くの国々で，社会心理的不安定化と政治的不安定化が生じている．

　本書では，現在生じているこのような社会変動にも焦点をあて，「ジェンダー」を切り口として分析している．21世紀の日本社会を豊かで幸福なものとするために考えていかなければいけないことについて，何らかの示唆となれば，幸いである．

　本書は，放送大学のテキスト『改訂新版 ジェンダーの社会学——女と男の

視点からみる21世紀日本社会』(放送大学教育振興会, 2003年)をもとに，新しいデータや情報を追加して作成された．本書の出版を快く許可してくださった放送大学教育振興会には，本当に感謝している．また本書の刊行を，辛抱強く待ってくださった岩波書店の藤田紀子さんに，心から謝意を表したい．

　2008年3月

江原由美子・山田昌弘

目　次

はじめに

1　ジェンダーとは？　　1
1. 「ジェンダー」概念の誕生　1
2. セックス／ジェンダーという二分法に対する批判　4
3. 研究の視点としての「ジェンダー」と「ジェンダーの社会学」　7

2　性別とは──「性」の多様性　　9
1. 性別が三つある社会　9
2. 性別現象のレベル　10
3. ジェンダー化の過程　14
4. 逸脱から多様性へ　16

3　「女」とは何か──他者としての女性　　20
1. 「女らしさ」という問題　20
2. 様々な「女らしさ」と性役割　22
3. 他者としての女性　26
   コラム　教育とジェンダー　28

4　「男」とは何か──「男らしさ」の代償　　30
1. 男性学, メンズリブ運動　30
2. 「男らしさ」の形成　34

3. 社会的・経済的責任の問題　36
　　4. 「男らしさ」の再構築は可能か？　37
　　コラム　国民化とジェンダー　39
　　コラム　軍事化とジェンダー　40

5　専業主婦という存在　42

　　1. 性役割分業　42
　　2. 専業主婦とは何か　45
　　3. 専業主婦の歴史　48
　　4. 専業主婦の黄昏　51

6　ゆらぐライフコース──少子化とジェンダー　56

　　1. 進む少子化　56
　　2. 専業主婦志向が強いことが未婚化，少子化の
　　　　大きな原因　60
　　3. 身体化した性役割分業　62
　　4. ゆらぐライフコースの中で　69

7　変わる出産，変わる生殖医療　72

　　1. 妊娠・出産を論じる視点　72
　　2. 現代日本における出産の変化　73
　　3. 生殖革命？　77

8　男の子育て・女の子育て　82

　　1. 現代の子育て環境　82

  2. 育児参加とジェンダー 86
  3. 働く男女の育児支援の現状と課題 89

9　ゆらぐ日本型雇用　93

 1. 日本型雇用慣行の成立 93
 2. 日本型企業社会における女性労働者 96
 3. 新しい経済の進展とジェンダー関係の変容 100
 4. フリーターの発生とジェンダー 105
 コラム　社会保障とジェンダー 108

10　親密性とセクシュアリティ　112

 1. 男女の心のすれ違い 112
 2. 親密性の歴史的変遷 113
 3. セクシュアリティの問題 117
 4. 親密性とセクシュアリティ 120

11　ジェンダー，セクシュアリティ，暴力　123

 1. 国際会議における「女性に対する暴力」の問題化 123
 2. ドメスティック・バイオレンス 124
 3. セクシュアル・ハラスメント 126
 4. レイプ神話 127
 5. 暴力，ジェンダー，セクシュアリティ 129

12　性の商品化　132

 1.「性の商品化」批判とは？ 132
 2. 買売春問題とジェンダー 135

3. セックス・ワーク論と「性＝人格」論批判　138

13　ケアとジェンダー　142

1. ケア（介護）とジェンダー問題　142
2. ケア労働の特徴　146
3. ジェンダー差を乗り越えることができるのか？　150

14　セラピーとジェンダー　152

1. セラピーとジェンダー　152
2. 従来のセラピーの男性中心主義　154
3. フェミニスト・セラピーの誕生　155
4. 新しいセラピーへの動き，男性性の問題，そして，関係性の問題へ　157

15　ジェンダーと社会政策　161

1. 「女性政策」と「ジェンダーの主流化」　161
2. 国際社会の取り組み　163
3. 日本政府のジェンダー政策
   ——「男女共同参画社会基本法」を中心に　164
4. 自治体のジェンダー政策　165
5. 男女共同参画社会の形成とジェンダー　166

人名索引・事項索引　169

1 ジェンダーとは？

江原由美子

　近年,「ジェンダー」という言葉が,自治体の広報や新聞等において,多く使用されるようになってきている.「ジェンダー」とは,どのような概念なのか.それはどのような問題を背景にして生まれてきたのか,そしてどのように変化しているのか.本章においては「ジェンダー」概念を考察することによって,「ジェンダーの社会学」がどのような主題に対してどのようにアプローチするのか,考えてみたい.

1.「ジェンダー」概念の誕生

　「ジェンダー」(gender)とは,元来は言語学において名詞の性別を意味する用語であったが,第二波フェミニズム運動以降,社会的・文化的性別や性差を意味する言葉として使用されるようになった.その後やや意味が変化して,今日にいたっている.

第二波フェミニズム運動
　今日のアメリカ合衆国では,結婚しても多くの女性たちが職業を持ち社会的に活躍している.けれども1960年代初頭においては,アメリカの女性たちの多くにとって,結婚することはすなわち「専業主婦」になることを意味した.今ではなかなか想像しにくいことではあるが,当時のアメリカでは結婚した女性が職業を持つことは望ましくないと考えられていたのである.このような,20世紀後半において生じた女性たちの生き方についての考え方の大きな変化の背景にあるのが,第二波フェミニズム運動である.「ジェンダー」概念の成立は,この運動と大きな関連性を持っている.

フェミニズムとは，男女平等思想や女性解放思想を意味する．第一波フェミニズム運動とは，法律上も差別が明確に存在した時代において，法律上の平等などを求めて闘った婦人参政権運動などのフェミニズム運動をいう．アメリカ合衆国での婦人参政権の成立は1920年．それから40年あまりを経た1960年代においても，女性たちの実質的な社会的地位は，なかなか向上しなかった．結婚すれば家事や育児は当然女性の責任と考えられていたので，職業を持ち続けることは困難だった．女性の幸せは結婚することにあるという根強い観念のもとで，結婚しない女性を差別する風潮もあり，若い女性たちは強迫的に結婚相手さがしをせざるをえないような状況にあった．結婚して家庭に入った女性たちの多くは，「専業主婦」の生活に不満を感じていたが，それを口にすることは困難だった．

このような中で，法律上の平等だけでは実質的な男女平等は実現しないということに気づいた女性たちが，職業等の社会参加における実質的な男女平等を求めて，主張し始めた．「社会に根強く残る性別による家族責任や育児責任などの相違が，男女の社会参加や職業参加の相違を生み，結果として経済力や社会的地位の男女間格差を生んでしまっている．こうしたことを変革しないかぎり，本当の男女平等とは言えないのではないか？ こうしたことを変革するためにもう一度フェミニズム運動が必要なのではないか？」という疑問から生まれたのが，第二波フェミニズム運動である．アメリカ社会に誕生した第二波フェミニズム運動は，またたく間に先進諸国に広がっていった．

「セックス」と「ジェンダー」

けれどもこうした女性たちの運動に立ちふさがったのが，「女性性」「女らしさ」についての社会通念だった．家族責任・育児責任が女性のみに負わされている限り，女性の社会参加・職業参加は制限されざるをえないから，当然女性運動は，家族責任・育児責任の両性による平等な分かちあいを主張する．家事・育児などは，女性に負わされた「性役割」であり，変革が必要だと．けれども，当時の多くの人々にとって，女性が家事や育児をすることは「あたりま

えのこと」であり,「自然なこと」と意識されていた.男性よりも愛情深く優しい女性が家族のために様々な心遣いをするのは当然ではないか,子どもを産むのは母親でありその母親が子育ての責任を負うのは「自然なこと」ではないかなどと,考えられていたのだ.だからフェミニズムを主張する女は「生まれついての女性性,つまり『女であること』を拒否している」と批判されることになってしまった.

1970年代まで,英語において性別を表す言葉は,生物学的性別を意味する「セックス」(sex)しかなかった.言葉が一つしかないということは,「力が強い」「乱暴である」「家族を養うだけの経済的能力を持つ」などの「男らしさ」,あるいは「淑やか」「おとなしい」「人の世話をする優しさを持つ」などの「女らしさ」(今ではこれらは当然,社会的・文化的性別と考えられている)も,当然「生物学的性別」としての「セックス」に還元されて理解されることになる.つまり「女」という「セックス」を持てば当然,「淑やか」で「おとなしい」はず,そうでない「女」は「生物学的に異常」ということになってしまう.しかし現実には,同じ女性でも性格や適性は非常に異なっており,「女」でも「女らしく」ないことは,よくあることである.にもかかわらず,それまでの社会においては,「女らしくない女性」を「生物学的に異常」視することによって,結果的に,そうした女性に対して非常に強い社会的サンクションを課していた.「女ならば女らしいはず」という「生物学的性別一元論」的な性別や性差に関する考え方は,実際には,奇妙なことに,非常に強い社会規範として作動してきたのである.

第二波フェミニズムは,性役割批判を展開するとともに,個人を拘束する「女らしさ」や「男らしさ」などの観念からの個人の解放を主張した.ここから,生物学的性別,つまり「身体構造としての性別」と,文化の獲得や社会化によって形成される性別を区別する言葉が,求められることになったのだ.

1970年代,英語圏の心理学や社会学において,生物学的性別(「セックス」)から,性別についての自己認知や社会意識として共有された性別特性を「ジェン

ダー」として区別する研究が相次いで発表された[1].「男」「女」という性別アイデンティティにとって自己認知が決定的に重要であること,また同じ「セックス」を持っていても時代や社会によって「男らしさ」「女らしさ」の内容が大幅に異なることなどが主張され,「セックス」だけでは性差や性別による行動様式や生き方の相違は説明できないことが明らかになっていった.ここに,社会的・文化的・心理的な性差や性別を含意する概念として,「ジェンダー」が誕生したのである.そしてこの言葉は,第二波フェミニズム運動の高まりの中で,大きな役割を果たしていくことになる.

2. セックス／ジェンダーという二分法に対する批判

自然／文化という二分法に対する批判

しかし1980年代に入ると,「生物学的性別」である「セックス」と区別された「社会的・文化的性別」としての「ジェンダー」という概念に対して,批判が生まれてきた.「生物学的性別」と「社会的・文化的性別」を区別し,フェミニズム運動の変革対象を「社会的・文化的性別」としての「ジェンダー」に限定すると主張するならば,その主張においては,「生物学的性別」は「普遍的・客観的・不変的」であるかのように置かれてしまいがちになる.しかし,「生物学的性別」はけっしてそれ自体として存在するのではなく,社会的・文化的に形成された学問や科学(生物学・医学・脳科学など)領域における人々の(研究)活動によって,初めて「生物学的性別」として認識されるのである.し

---

1) 心理学者ロバート・ストーラー,ジョン・マネー,社会学者アン・オークレーなどの名が挙げられる.なお,ジョン・マネーについては,彼が「性別の自己認識は環境によって決定される」という自説を裏づける症例としてあげた元患者がその後性別違和感を表明したという「衝撃的な事実」が公表されると,その学説の評価をめぐって批判が生じた(ジョン・コラピント著,村井智之訳『ブレンダと呼ばれた少年』無名舎,2000年,2005年扶桑社から再刊).2005年には日本の政治家の中に,このことをもって「ジェンダーという考え方は間違っている」と批判する人も現れた.しかし,本文で述べたとおり,ジェンダーという概念は,生物学的性別の存在を否定するものではないし,ジョン・マネーの説に直接依拠するものでもない.ゆえにこのような批判は見当違いである.

たがってその内容は，その時々の学問や科学によって，大きく異なることになる．またそうした学問や科学の基底にある研究関心や課題設定自体，その時代の社会的・文化的要因の影響を強く受けている．すなわち，生物学的性別といえども，社会的・文化的に規定された知であることは自明なのだ．それなのに，「セックス」と「ジェンダー」を区別し，後者のみを変革の対象とする主張を行うことは，「文化」と切り離された「自然」をわれわれが手にしうるかのような考え方を前提としてしまうことになり，結果的に，「セックス」自体の可変性や社会的・文化的性格を見逃してしまうことになりがちなのである[2]．

ここからジェンダーを，生物学的性別と区別された社会的・文化的性別として定義するのではなく，「当該社会において社会的・文化的に形成された性別や性差についての知識」とする定義が，採用されるようになった．すなわち，この定義によれば，「生物学的性別・性差」という知識も，生物学という科学研究によって，社会的・文化的に形成された知識であるゆえに，当然「ジェンダー」に含まれることになる．

「性別や性差についての知識」としての「ジェンダー」

しかし，この定義において知識とは，非常に広範囲の内容を含むことに注意が必要である．ここで言うところの知識とは，通常知識という言葉が含意する，文章化したり，記号化したり，絵画に描いたりすることができるような知識 (対象化・客観化された知識) だけでなく，人々が常識として持っている社会通念や社会意識をも含む．

実際，多くの人々が「男女の間には明確な性差がある」という通念や意識を抱いているとすれば，こうした通念や意識は，実際の人々の行動に影響を与え，男女間の行動の差異をも導く可能性がある．ここから考えると，社会通念や社会意識として人々に分け持たれているジェンダーの影響力は非常に大きい．実

---

[2] このような批判は，ポスト構造主義やポストモダン思想の影響を受けて，科学史・歴史学・哲学などの分野において相次いでなされた．代表的論者として，科学史家のダナ・ハラウェイ，歴史学者のジョーン・スコット，哲学者のジュディス・バトラーなどがいる．

際の男女の行動の差や生活の差を生み出す上で，非常に大きな影響力を持っている．実際の男女の行動や生活の差のほとんどは，こうした社会通念によって生み出されているとすら言ってもよい．ここから，「明確な根拠がないにもかかわらず男女間には能力や適性に差があると考えるような思い込みや偏見」を「ジェンダー」として把握するような，ジェンダー概念の使用法も生まれてきた．このジェンダー概念からは，性別に対する思い込みや偏見から自由になろうという主張を意味する，「ジェンダー・フリー」という言葉が作られている．

文化遺産とジェンダー

ジェンダーは，他者との社会的相互行為によって形成されるだけでなく，メディア環境，あるいは昔話や文学作品など文化的環境によっても形成される．メディアや文化は，性別や性差についての観念や知識に満ちあふれているからである．しかもメディアや文化の担い手は，圧倒的に男性に偏ってきた．女性たちは，「女性が職業を持つのは好ましくない」「女には教育はいらない」「学問をする女は嫁の貰い手がない」などの性差意識によって，メディアや文化のつくり手から歴史的に長く排除されてきたのだ．この結果，メディアや文化そのものが，男性の視点からするところの性差意識に満ちあふれている．人間生活の重要な環境であるところの過去の文化遺産そのものが，性別や性差についての知識の伝え手になっているのである．ここから「ジェンダー」概念を，性別や性差についての知識一般を意味する概念とするもっとも広義の使用法が生まれた．現代社会における社会的・文化的性差は，性差意識によって生み出されているのだが，その性差意識は，現代文化だけでなく過去から引き継いだ文化遺産にも影響を受けているのである．

3. 研究の視点としての「ジェンダー」と「ジェンダーの社会学」

研究の視点としての「ジェンダー」

　男女の性別に関わる多様な現象を，生物学的に規定された「自然」としてみるのではなく，社会的・文化的に作られるものとしてみることは，全く新しい研究領域を切り開くことになった．「ジェンダー」はあらゆる人間活動に影響を与えている可能性がある．したがって全ての人間の活動は，「ジェンダー」との関連性において研究することができるのである．社会の制度・慣習・道徳・法・政策はもとより，教育やコミュニケーションやメディア，文学・歴史など全ての人間の諸活動を，「ジェンダー」との関連において考察する研究が始まっている．こうした研究は，従来の学問の枠を超えた学際的な研究領域（ジェンダー・スタディーズ）を形成している．

ジェンダーの社会学

　ジェンダー・スタディーズの中で，社会学的視点からジェンダーに関連する諸現象を研究する「ジェンダーの社会学」は，大きな役割を担っている．なぜなら第一に社会学は，人間生活において生じる諸問題を扱う学問であり，この性格上，社会問題や社会運動に強い関心をはらってきた．「ジェンダー・スタディーズ」は，これまでみてきたように，先進諸国における男女間の不平等・差別問題という社会問題とその是正を目指す第二波フェミニズム運動の台頭を背景にしており，社会学の学問的性格と適合的である．第二に，社会学は従来より，狭義の経済問題や政治問題に還元できない，社会慣習や社会意識に根を持つ社会問題を扱ってきており，それゆえ問題を狭い専門分野に限定しない包括的視野を持っている．男女間の不平等という問題も，人間生活のほとんど全ての領域を考察する必要があるような包括的問題である．こうした理由により，「ジェンダーの社会学」が「ジェンダー・スタディーズ」において果たす役割

は大きい.

　以下の章では，現代社会，特に日本社会に焦点をあて，ジェンダーに関連する様々な現象に社会学的視点で切り込んでみよう.

参考文献

江原由美子・金井淑子編『ワードマップ フェミニズム』新曜社，1997年

江原由美子他『ジェンダーの社会学』新曜社，1989年

伊藤公雄・牟田和恵編『ジェンダーで学ぶ社会学』世界思想社，1998年，新版，2006年

井上俊他編『岩波講座現代社会学11 ジェンダーの社会学』岩波書店，1995年

エレノア・E. マッコビィ編，青木やよひ他訳『性差――その起源と役割』家政教育社，1979年

ジョーン・W. スコット，荻野美穂訳『ジェンダーと歴史学』平凡社，1992年，増補新版，2004年

若桑みどり他編『〈ジェンダー〉の危機を超える！』青弓社，2006年

2 性別とは
──「性」の多様性

山田昌弘

　ジェンダー，セックスなど，「性別」に関わる現象は多様であり，複雑にからみあっている．本章では，性別に関係する現象を，性自認，セクシュアリティ，性役割のレベルに整理し，その関係性を考察する．

1. 性別が三つある社会

　日常的に，性別といえば，男性と女性の二つであると思われている．「作られた」性別としてのジェンダーを考察する場合にも，議論の前提に置かれるのは，男女という二つの性別があるという前提である．

　性別が，社会的・文化的に作られた概念ならば，性別が二つである必然性はない．性別が三つも四つもある「宇宙人」が出てくるSF小説は何作もあるが，現実社会にはないと考えるのが普通だろう．

　しかし，近年の文化人類学の研究で，ジェンダーとしての性別が三つ，もしくは四つある社会の存在が明らかになった．東太平洋のポリネシア（タヒチとかサモアなど）では，われわれのいうジェンダーが三つ（四つある島もある）に分かれている民族があることが知られている．

　そこでは，われわれの言葉でいう「男」と「女」だけではなく，「第三の性」というべき性別が存在している．現地では，「トゥトゥ・ヴァイネ」（クック諸島の場合）と呼ばれている．日本や西洋社会には相当する言葉がないので，「女写し」と，とりあえず訳されている．

　面白いことに，この三つの性別は，ポリネシア社会の性役割分業に対応している．男というジェンダーには漁労，女というジェンダーには畑作，そして，

トゥトゥ・ヴァイネ(女写し)というジェンダーには育児・家事が割り当てられている．ポリネシア民族を調査・研究している文化人類学者の棚橋訓は，女写しは生物学的な男の子の中から選ばれて育てられると推定している．つまり，生物学的に男性として生まれた時点で，親がその子を「男」として育てるか「女写し」として育てるかを決めることになる．

ポリネシア社会では，結婚という概念が薄く，厳格な一夫一妻制はとられていない．これは，文化人類学的には珍しいことではなく，西洋文明化する以前の社会にはよくみられる．子どもが生まれたら，母親の属する部族の子として育てる(母系制の一種)．部族全体，つまりは，子どもの母やオジ，女写し(自分の母親のきょうだいである女写しに相当する言葉は日本語では表現できない)が面倒をみる．つまり，母親のきょうだいの男は漁労，女は畑作，女写しは家事・育児をして暮らしていくわけである．

われわれの社会では，男性と女性しかないというのが，一つの常識としてあるが，ポリネシア社会のケースは，ジェンダーが文化的に作られるものであるという一つの例を示している．

2. 性別現象のレベル

ここで，性別現象について，いくつかの概念を整理しておく．

この領域は，社会学やフェミニズム研究だけでなく，生物学，医学，心理学から，文化人類学，歴史学まで，様々な領域において，研究や分析がなされている，たいへん進歩が著しく，異論も多い領域である．その全ての議論を紹介することは不可能に近い．そこで，性別現象が多様で複雑であることを示すため，必要最小限の考察をしていきたい．

1970年代にジェンダーが論じ始められた時期には，「生殖能力や身体的特徴など身体的・生物学的性別をセックスと呼び，変えられない性別である．一方，性役割分業など社会的・文化的に作られた性別をジェンダーと呼び，変えることができる性別である」という区分が一般的で，現在でもこの区分に従った解

説書も多い．

しかし，今まで変えられないと思われてきた身体的性別も，社会的・文化的に作られたものと考えるべきだということが，近年の研究で主張されている．

そこで，ここでは，性別に関わる現象を，次の四つのレベルに分けて簡単に考察していく．

① 身体的性別
② 性自認
③ セクシュアリティ
④ 性役割

身体的性別

われわれは，常識として，生物的には，男性の身体，女性の身体の二通りしかなく，生まれたときには，どちらの身体であるかが決まっていると思いがちである．この思い込み自体が，社会的に形成されたものであることが最近の研究で分かってきた(ジュディス・バトラー，1999)．

簡単な例を挙げれば，男性は身長が高く，女性は身長が低いという特徴がある．しかし，それは，あくまで「平均値」の差である．身長が男性の平均値より高い女性はたくさんいる．男性が力が強く，女性が力が弱いというのも平均値の比較であることはいうまでもない．

また，最近，男性の脳と女性の脳は違うという説が語られる．地図が読めない女，話を聞けない男，女性は言語的才能に富み，男性は音楽的才能に富むなどといわれている．確かに，平均値で比べれば，差があることが科学的に証明されているものもある．しかし，現実生活をみると方向音痴の男性も多いし，音楽家として成功している女性，優秀な通訳の男性もいる．「科学的に言って男性は……，女性は……」と決めつけることは，現実に存在している多様性を見失うことになる．

ここで，体が持つ性別の特徴を，身体的性別と呼んでおくことにする．現実の身体的性別は，曖昧なものであり，男性，女性とはっきり分けることはでき

レベル	← 男性的身体		女性的身体 →
染色体	XYY(超男性) XY	XXY XO	XX XXX
外性器	ペニス	半陰陽	ヴァギナ
内性器	精巣		子宮・卵巣
ホルモン	男性ホルモン		女性ホルモン
第二次性徴	ひげ，筋骨たくましい……		大きな乳房……

図 2-1　身体的性別の多様性，連続性

ない．生物学的性差は，多様で連続的なものであることが分かってきた．

　染色体のレベルの性差を考えてみよう．高等学校の生物の時間で，2本ある性染色体がXXなら女性，XYなら男性になると教えている．しかし，XXYとかXOといった性染色体を持つ人もいるし，各染色体にのっている性別に関する情報も一定ではない．Y染色体に女性的身体をつくる情報がのることもあり，X染色体に男性的身体の情報がのることもある．

　また，性染色体がXXであるといっても，必ずしも女性的な身体が形成されるわけではない．発達過程のホルモンなどの環境の影響によって，身体的性別が形成される．内性器，外性器，性ホルモンなど，身体的性別を特徴づける基準は多様であり，染色体の例でも分かるように，男性，女性と二つに分けられるものではなく，中間型が存在する．第二次性徴に関しては，民族差，地域差，時代差，個人差が大きく，一貫しているわけではない．ある体の部分で男性的特徴を持ち，ある部分で女性的特徴を持つことが，むしろ一般的なのである．

　カタツムリのように両性具有の動物もいるし，また，魚類の中には，性変するものもある．中には，若い時代をオスとして過ごし，成長するとメスになる(精巣が消失し，卵巣が形成される)という，1匹で二つの性を経験する種類もいる．哺乳動物で自然に性変する例はみつかっていないが，ホルモン投与や整形手術によって人為的に身体的性別の特徴を作り出すことはできる．

　とりあえず，われわれは，生まれた時の外性器の形状でもって，男性，女性を生物的に分けて考える習慣を持っている．しかし，外性器の形状も中間的な形態が存在するのであって(半陰陽と呼ばれる)，決定的な基準にはならないのである．

性自認としての性別

「性自認」(性アイデンティティ)とは，自分がどの性別に属するかという確信のことをいう．われわれの社会では，男性，女性の二つのカテゴリーであり，先にみたようにクック諸島の社会では三種類の性自認があることになる．

われわれの社会では，トイレから始まって，学校入学，アンケート調査に至るまで，自分の性別を示すことが求められる．多くの人にとっては，自分の性自認は自明であり，疑いようもないものとして意識もされない．しかし，自分の性自認と，周囲が自分に与えている性別の認識が食い違う(性同一性障害——後述)などのケースで問題になってくる．

ここでは，性自認が自分にも，周りの人々にも受け入れられているという確信を「性アイデンティティ」と呼んでおく．例えば，自分は男性である，女性であると自認していても，本当にそうかという疑いが生じたときに，性アイデンティティのゆらぎが生じると考える．

セクシュアリティとしての性別

人間には，他人の身体や存在とコミュニケートすることを強烈に求める欲求が存在する(愛情欲求，性欲などと呼ばれる)．その際，求める相手の性別に関しての指向性をセクシュアリティとしての性別と呼んでおく．自分の性自認と異なった性別を持つ人間を指向する場合が「異性愛」，同じ性別を指向する場合が「同性愛」(ホモセクシュアル——欧米では一般的にゲイという)となる．性別にこだわらない場合を「両性愛」(バイセクシュアル)と呼んでいる．この区分も便宜的なものであり，はっきりと三つに分かれるものではない．

人がどのようなプロセスで性的指向性を身につけるかは，はっきり解明されているわけではない．

性役割(性別規範)

これは，一般的に「らしさ」と呼ばれるもので，「男性は仕事，女性は家事」

といった性役割分業から，男は力強い，女は弱い等の性格についてのイメージなどが含まれる．

これは，特定の性を持つ人に期待される行動様式であり，社会的・文化的に作られたことが明白な性別である．

性別の社会性と多様性

近年のジェンダー研究の特徴は，次の二点にある．

一つは，これらの性別に関わる現象は，けっして自然にできあがっているものではなく，社会的に構築されているということを強調する点である．男らしさ，女らしさという規範だけではなく，自分がどの性に属するかという性自認や，どちらの性を性的対象として好むかという性的指向でさえも，遺伝的に決まっているものではなく，成育過程で身につけていくという説が有力である(3節参照)．

もう一つは，複数の性別のレベル間の相互関係を問題にしている点である．

近年「性同一性障害」者が話題になっている．性器など身体的に男性的特徴を多く持って生まれ，周りの人も男性とレッテルを貼っているが，女性という性自認を持つケース，および，女性の身体的特徴を持ち，周りの人も女性とみなしているが，男性という性自認を持っているケースである．つまり，体の性別(それに基づいて，周りの人々はレッテルを貼る)と心の性別が，多くの人とは逆になっているケースである．これらのケースは，今までは「逸脱」として扱われ治療の対象とされたこともあったが，近年，多様な性のあり方を認めようとする傾向が強くなっている(4節参照)．

3. ジェンダー化の過程

性自認の獲得

性役割に関する意識はもちろん，性自認，および，セクシュアリティとしての性別は，いずれも心理的現象であり，後天的に獲得されるものという説が有

力である．ジグムント・フロイトに始まる精神分析学の成果，中でも，主に，「対象関係理論」を応用して性的発達の過程を辿ってみよう．

　フロイトは，人間は生まれた時には，心理的に，両性具有的存在，つまり，男性にも女性にもなりうる存在であると主張した．ただ，フロイトは，性自認は，「ペニス」の有無の自己認識によって確立すると考えた．ペニスを持っていると自分を男と思い，持っていないと女と思うという認識の確立である．

　しかし，近年の対象関係理論によると，性自認は，乳幼児期に，周りの大人によって持つようにし向けられるという説が有力である．親など周りの大人は，外性器の形状に基づいて性別を判定し，異なった性の乳児に対して，異なった態度で接する．近代社会では，乳幼児に主に接触するのは，母親である．その中で，女の子は，母親と同じ性別として，男の子は母親と異なった性別として，自分の性自認を形成する（男女の性自認形成プロセスの非対称性に関しては，4章で詳述する）．3歳くらいまでには，性自認が形成され，その後安定するといわれている．

　このプロセスにおいて，自分の身体的特徴および周りの大人による性別の判定と一致しない性自認を身につけるケースが，先に述べた「性同一性障害」者だということができる．

セクシュアリティとしての性別の獲得

　人間が，性的存在として，どのようなプロセスを経て性的指向性を持つようになるかについては，はっきり定まった理論はない．これも，遺伝というよりも，発達プロセスの中で，環境的要因によって獲得されるという説が有力である．自分と違う性に性的対象が誘導されると「異性愛」，自分と同じ性に性的対象が誘導されると「同性愛」の指向が形成される．アメリカの哲学者ジュディス・バトラーの理論では，人間は両性愛的傾向を持って生まれるが，成育過程で，近親姦と共に同性愛を厳しく社会的に禁止するため，異性愛に誘導されるという説を唱えている．

4. 逸脱から多様性へ

近代化とジェンダー，セクシュアリティの画一化

　現代社会においては，自分の性自認が身体的性別と一致する人，性的対象として異性を選ぶ人が多数派を占めている．だからといって，性同一性障害者や同性愛，両性愛者を治療の対象である逸脱者だと決めつけてはならない．

　そもそも，近代以前には，同性愛はごく一般的なものとして認められていた社会が多い．古代ギリシャ貴族の間では，同性愛（男性）こそが最高の性愛形態とされていた．また，わが日本社会では，平安時代の貴族や僧侶の日記，そして，戦国時代の武将の記録には，同性愛の記述がよくみられる．さらに，江戸時代の春画に同性愛が数多く描かれていることから考えると，同性愛は特に隠すべきものだとは思われていなかったことが推察されている．

　また，中世ヨーロッパのキリスト教会が同性愛を弾圧したのも，同性愛が一般的にみられた一つの証拠ともいえる．近代になっても，著名な音楽家，哲学者，数学者，作家などが同性愛者であったことが明らかになっている（あえて，名前は出さないが，気になる方は，大人向きの伝記を調べてみることをお勧めする）．

　近代社会が成立すると，性的指向性に関する画一化が始まる．同性愛は異常，もしくは，病理とされ，アメリカのいくつかの州では，同性愛行為は，結婚外の性行為などとともに，処罰の対象とされたこともある．また，アメリカやイギリスでは，同性愛者であることを理由に公務員や軍隊を解雇されたケースもある．

　同性愛者に対する差別や反発を強め，性同一性障害者には，病気というレッテルを貼ってきたのが，「人権」意識が確立した近代社会であることも興味深い．近代社会成立時点では，女性がその「人権」から排除されていたのと同じように，性的指向性に関するマイノリティ（少数者）も人権から排除されていたのである．

子どもを共に育てる同性カップルの行進(サンフランシスコにて筆者撮影)
図2-2　ゲイ・パレード

逸脱から多様性へ

　1960年代から欧米で始まる第二波フェミニズムや性解放の流れが，同性愛者や性同一性障害者への態度の針を逆転させた．性解放の目的の一つは，相手が同意していれば，自分の性的態度を素直に表現するというものである．他者に迷惑をかける行為は許されないが，そうでなければ，多様な性の表現を許容しようとする．

　その中で，今まで隠していた自分の性的指向なり，自分が性同一性障害であるという事実を，友達や知り合い，家族に対して明らかにすることが，運動のゴールとして目指された．これを「カミングアウト」という．

　また，「ゲイ解放運動」と呼ばれる，同性愛者の権利を守り，差別や偏見をなくそうとする運動も始まった．特に，アメリカの一部の州やオランダなど一部のヨーロッパ諸国では，同性愛のカップル関係を結婚と同じように法的に保護する法律もできている．同性愛カップルの結婚式を認めるプロテスタント教会も現れ始め，養子や人工授精等で子どもを持ち，共に育てる同性カップルも増えている．

また，同性愛や性同一性障害といっても，その性的指向や性自認のあり方は，多様であり，ひとくくりにされて一つのレッテルを貼られることを拒否しようとする動きもある．確かに，多数派を形成する異性愛者でも，性的好みや性的態度は，人によって相当異なっている．

性自認や性的指向のあり方が多様であることを認めあって，偏見なく生活することが，今，求められている．

多様なジェンダーのあり方を認めるために

性的な多様性を始めとして，多様なジェンダーのあり方を認めようという動きはなかなか定着せず，偏見がなくならない．それは，性役割についても同様で，フェミニズムや男女共同参画を求める運動に対して，必ず理屈では説明がつかない感情的な反発がみられる．

これらの反感の裏には，「自分は男，もしくは女としてみられたい」という欲求があると考えられている．これは，性同一性障害のケースでもよくみられる．例えば身体的に男性だが，女性の性自認を持つ人は，かえって女性らしさを強調した服を着たり，女性言葉を使ったりすることが多い．身体的特徴が自分の性自認と反対の性であるがゆえに，自分の性自認の側の性の服装や役割，態度などに過剰同調するのもこの理由からである．

同性愛者や性同一性障害者への偏見，フェミニズムや男女共同参画社会への批判の根底には，自分の常識が壊されるだけでなく，自分の性自認までが壊されるのではないかという不安がある．批判する人は，多様な性役割やジェンダーやセクシュアリティの世界があることを認めてしまうと，自分が男性もしくは女性であることや，自分のセクシュアリティまで否定されてしまうのではないかという不安を抱いているのである．

多様性を認めることと自分らしさを失うこととは違う．そのことを念頭に置いて，ジェンダー論を学習することが必要である．

参考文献

赤川学『性への自由／性からの自由』青弓社，1996 年
井上俊他編『岩波講座現代社会学 10 セクシュアリティの社会学』岩波書店，1996 年
橋爪大三郎『性愛論』岩波書店，1995 年
ジュディス・バトラー，竹村和子訳『ジェンダー・トラブル――フェミニズムとアイデンティティの攪乱』青土社，1999 年
服藤早苗・山田昌弘・吉野晃編『恋愛と性愛』早稲田大学出版部，2002 年
棚橋訓「『過剰なる性』の誤解」，服藤・山田・吉野(編)前掲書所収
伏見憲明『〈性〉のミステリー』講談社，1997 年
ナンシー・チョドロウ，大塚光子・大内菅子訳『母親業の再生産』新曜社，1981 年
ミシェル・フーコー，渡辺守章訳『性の歴史Ⅰ』新潮社，1986 年
ミシェル・フーコー，田村俶訳『性の歴史Ⅱ』新潮社，1986 年

3 「女」とは何か
——他者としての女性

江原由美子

「女」という「ジェンダー」は，どのような構成要素から成り立っているのだろうか．「優しさ」「繊細さ」「優美さ」「気配り」「愛想の良さ」「おとなしさ」「清潔好き」「世話好き」「器用さ」など，「女らしさ」と考えられているものには様々なものがあるが，本章では，これらの「女らしさ」を，現代日本社会において女性に求められている役割(性役割，gender role)との関連で考察してみよう．

1. 「女らしさ」という問題

　女性の経済的・社会的自立を一つの目標として第二波フェミニズム運動が展開されると，すぐに女性たちは，もっとも大きな問題を自分自身の内部に見出すことになった．男性と同じように経済的に自立し自分自身の意志で生きることを強く望んでいる女性の多くも，心のどこかで自立することに躊躇してしまう自分がいることを発見したのだ[1]．

　女性が自立を前に躊躇してしまう理由の一つは，女性の自立を阻む様々な社会構造があるゆえである．女性であるからという理由で十分な教育を受けさせてもらえず，職業能力も不十分であり，その上職業世界では性差別が厳然と存在しているとなれば，経済的自立の困難さを前に呆然としてしまっても当然とすらいってよい．けれども女性たちは，こうした社会構造だけでは説明できな

---

[1] このような「女性の心に潜む他者によって守られていたいという心理的依存願望」を分析した書として，『シンデレラ・コンプレックス』(コレット・ダウリング著，木村治美訳，三笠書房，1982年)がある．

い，自分自身の心の動き自体に潜む「自立への躊躇」をも発見した．十分に能力があり成功を期待された女性でも，自分に自信を持っていない．あるいは成功してしまうと，誰からも好かれないのではないかと不安になる．結婚するとたちどころに男性を頼ってしまう．常に男性よりも，一歩下がっていようとする．責任を負うことがこわい……．こうした心の動きは，「依存心・依頼心」「ひかえめ・おとなしさ」など，これまで社会が「女らしさ」として規定してきたことそのものであった．「女らしさ」は，女性たちの「自立」を阻むもう一つの「問題」となったのである．

ジェンダーと性役割

「人は女に生まれない．女になるのだ」(ボーヴォワール)．ならば，どうして多くの女性が「女らしさ」を身につけてしまうのかということこそ問題となってくる．

このような問いに対しては従来，「性役割」(gender role)という概念を用いた説明がなされてきた．性役割とは，もっとも広義には，「性別を理由に割りふられた一連の性格と態度と行為の類型」を意味する．この性役割概念を使用するならば，社会は「女」あるいは「男」にそれぞれ「一連の性格と態度と行為の類型」を割りふっており，社会成員は自己の性別の認知にしたがって，割りふられた「一連の性格と態度と行為の類型」を学習していく結果，「女らしさ」「男らしさ」を身につけていくと説明されることになる．けれども，この「性別を理由に割りふられた一連の性格と態度と行為の類型」という広義の性役割は，第1章で論じた「性別や性差についての知識としてのジェンダー」とほとんど重なっている．したがって本書では，この広義の性役割にはジェンダーという語をあて，社会成員が自己の性別を認知し，社会に分け持たれた性別と性差についての観念に基づいて自らの性別に一致した「一連の性格と態度と行為の類型」を身につけていく過程を「ジェンダー化」と呼ぶことにしたい．

他方，性役割という用語は，より狭義に，すなわち，特定の集団や組織において男女間で役割分担が存在する場合，その性別に基づいて割りふられる役割

を指す用語として(例えば,夫婦間での「夫は家計責任を負い,妻は家事・育児責任を負う」などの役割を含意する語として),定義したい.現代日本社会では女性に要請される性役割は集団や組織ごとに異なり多様であるが,どの集団や組織においてもそれは,「人の世話をする」ことに関わる側面と,「男性の性的対象である」ということに関わる側面から,定義されていることがほとんどである.

2. 様々な「女らしさ」と性役割

「女らしさ」という「規範」

「女らしさ」として挙げられる特徴にはどのようなものがあるのだろうか.

表3-1は,パーソナリティの男性性・女性性を測定する代表的な心理テストの一部である.ここで女性性を示す特性と考えられている項目には,「従順」「はにかみ屋」「情愛細やか」「おだてにのる」「思いやりがある」「人の気持ちを汲んで理解する」「優しい」「だまされやすい」「純真」「子ども好き」などがある.これらの項目は,現代社会において「女らしさ」として挙げられているパーソナリティ特性であるといってよいだろう.また「女らしさ」と考えられている特徴には,パーソナリティ以外に,「背が低い」「華奢」「可愛い」「体の線が丸みをおびている」などの外見的特徴や,「筋力が弱い」「瞬発力は劣るが持久力はある」などの身体的能力上の特徴,「語学が得意」「理系科目が苦手」などの能力上の特徴などが挙げられる場合もある.

これらの様々な「女らしさ」を考える際に留意するべき第一の点は,現実の個々の女性の多くが,これらの「女らしさ」とは一致しない特徴を備えているということである.「従順」でない女性も多くいるし,「背が高い」女性もいる.「筋力がある」女性もいるし,「理系科目が得意」な女性もいる.つまり先に挙げた「女らしさ」とは,あくまで,「多くの女性は……だ」とか「女性はどちらかといえば……のことが多い」など,女性を集団としてみた場合の,女性集団と男性集団の集団としての特徴を,挙げているにすぎない.つまり,上記に

表 3-1

男性性スケール	女性性スケール
自分の判断や能力を信じている	従順な
自分の信念を曲げない	明るい
独立心がある	はにかみ屋の
スポーツマンタイプの	情愛細やかな
自己主張的な	おだてにのる
個性が強い	忠実な
自分の意見を押し通す力がある	女性的な
分析的な	同情的な
リーダーとしての能力を備えている	困っている人への思いやりがある
危険を冒すことをいとわない	人の気持ちを汲んで理解する
意思決定がすみやかにできる	あわれみ深い
人に頼らないで生きていけると思っている	傷ついた心をすすんで慰める
支配的な	話し方がやさしくておだやかな
男性的な	心が温かい
はっきりした態度がとれる	優しい
積極的な	だまされやすい
リーダーとして行動する	子どものように純真な
個人主義的な	ことば使いのていねいな
競争心のある	子ども好きな
野心的な	温和な

注) Bem Sex Role Inventory テストの日本語版. 意識調査において,「男らしさ」「女らしさ」と評価された特性を挙げている.

挙げた様々な「女らしさ」を全て備えた女性は,単にイメージの中に存在するにすぎず,現実にはほとんどいないのである.

　第二に,単に個々の女性が「女らしさ」と考えられていることに一致しない場合が多いだけでなく,女性集団の特徴とすることもできないような特徴が「女らしさ」として挙げられている場合も多いということにも留意するべきである.パーソナリティにおける「女性性／男性性」を計るテストにおいては,「男性の方が男らしく,女性の方が女らしい」とは必ずしもいえないという結果が出ている.パーソナリティや精神的能力における性差は,社会通念において信じられているものよりもずっと少ないのだ.運動能力や体力の性差はある程度存在すると考えるのが妥当であるが,訓練によって変化する場合も多く,現在存在すると考えられている性差が不変なのかどうかに関しては注意が必要

である[2]．

　これらのことを考慮すると，私たちの社会において「女らしさ」と考えられていることは，現実の女性たちから経験的に導かれた「事実」としての「女らしさ」から構成されているというよりむしろ，現実の女性たちがどのような特徴を持っているかということとは関わりなく構築された「あるべき女性像」，すなわち理念型としての「女性」を示していると考えた方が適切だということが分かる．つまり上記に挙げられた「従順」などの「女らしさ」は，「女は従順である」という「事実」を意味しているというよりも，「女ならば従順であるべきだ」という「規範」を意味していると，考えられるのである．

二つの「女らしさ」と性役割

　ではこのような「規範」としての「女らしさ」は，先に定義した狭義の性役割と，どのような関連性を持っているのだろうか．

　表 3-1 を再度みてみよう．ここに挙げられている女性性項目は，大きく二つのグループに分けられるように思われる．一つのグループは，「情愛細やかな」「同情的な」「困っている人への思いやりがある」「人の気持ちを汲んで理解する」「あわれみ深い」などを中核とするグループである．こうした項目を並べ，重ね合わせていくと，優しく情愛に溢れて人の世話や手助けをしないではいられない女性像が描かれてくる．もう一つのグループは，「従順な」「おだてにのる」「忠実な」「だまされやすい」「子どものように純真な」などの項目を中核とするグループである．これらの項目を並べ，重ね合わせていくと，子どものように可愛いが知恵がなく愚かで，忠実で従順に人に従うだけという女性像が描かれてくる．

　このことは，女性に対して要請される性役割が多くの場合，「人の世話をす

---

[2] 女性のスポーツ参加に関する考え方は，この1世紀の間にも非常に大きく変化している．ほんの数十年前まで，女性の身体は強い運動には耐えられないと考えられていたが，現代ではマラソンを含むほとんどのスポーツ競技に女子種目が設けられている（飯田・井谷，2004）．

る」ということに関わる側面と,「男性の性的対象である」ということに関わる側面から定義されていることに,対応していると思われる．すなわち前者の「女らしさ」は,「人の世話をする」ことに関わる特性として,後者の「女らしさ」は,「男性の性的対象である」ことに関わる特性として,位置づけられるのである．「同情的で,困っている人に対して思いやりがある」という特性は,育児や病人の世話や介護など,人の世話をすることに対して適性があると位置づけられるだろう．他方,「可愛く愚か」という特性は,男性が性的にリードすることを前提とすれば男性にとって「御しやすく気後れしないですむ」という意味において魅力的なパーソナリティでもある．かつて女優のマリリン・モンローに当てはめられた女性性イメージなどの例で分かるように,セックス・シンボルとしての女性像はしばしば,「可愛く愚か」というパーソナリティ特徴を伴って描かれるのである．

　他方,「男らしさ」と考えられている特性は,「自分の判断や能力を信じている」「信念を曲げない」「自己主張的」「個性が強い」「分析的」「リーダーとしての能力」「危険を冒すことをいとわない」「支配的」「はっきりした態度がとれる」「競争心のある」「野心的」などであり,「男らしさ」が,個人として社会の中で競争し活躍していくのに必要な特性に関連していることが読み取れるだろう．「ジェンダー」は,狭義の「性役割」と密接に関連しているのである．

「女らしさ」の矛盾

　しかし,この二つの「女らしさ」を同時に持つことは,なかなか難しい．なぜなら「人の世話をする」ということは,自分の欲求を後回しにできる成熟性や他者のニーズを的確に把握できる聡明性など,「可愛く愚か」というパーソナリティとは両立しがたい特性を要請するからである．

　しかもこの二つの「女らしさ」はいずれも,「仕事の上での有能さ」や「リーダーとして他者から信頼される能力」とは異なっている．「競争心」や「野心的」などの,仕事の意欲に関わる特性は,「男らしさ」の項目に挙げられている．「分析的」であったり,「自分の判断や能力を信じて」行動する力も「男

らしさ」ということであるなら,「女らしい」ということは,そうした能力に欠けるということになってしまいがちである.つまり,男性は「仕事の上で認められたい」と努力するとそのまま「男らしく」なれるが,女性は「仕事の上で認められたい」と努力すると「男らしく」なってしまう,つまり「女らしさ」に反することになってしまうのだ.「女らしさ」は,仕事の上で評価されることと矛盾するのである.

このように,現代社会における「女らしさ」は,その内部に矛盾を抱え込んでいるだけでなく,現代日本の社会成員の多くが置かれている状況(すなわち職業上高い評価を得なければ生きていきにくいという状況)とも矛盾する項目構成を含んでいる.表3-1で挙げた「女らしさ」が問題になってしまう状況とは,けっして女性という性別を持つこと自体から生まれるのではなく,現代社会における「女らしさ」が矛盾をはらんだ項目からなっており,その一部を実現しようとすると他と両立しがたくなって不安を感じてしまったり,経済的に自立しようとすると「女らしくない」と否定されてしまったりすることから生じてきたと,考えることができるのである.

3. 他者としての女性

男性視点から定義された「女らしさ」?

ではなぜ「女らしさ」は,その内容において矛盾するような構成要素を含んでいるのだろうか.現代社会における「女らしさ」は,「事実」というよりも「規範」として維持されていることなどを考えあわせていくと,現代社会において「女らしさ」とは,男性にとって都合が良い女性像を示したものなのではないかということがみえてくる.この視点からみた場合,「女らしさ」と「男らしさ」,「女」と「男」とは,けっして対称的な位置にはなく,非対称的だということになる.

「女らしさ」や「男らしさ」についての知識や信念は文化の一部としてある.これまでこうした文化を作ってきたのは,基本的に男性であった.このことは,

言語における「女」と「男」というカテゴリーの非対称性においてもみてとることができる．

「人間＝男性＝我々」「女性＝人間ではない＝他者」？

「女性」と「男性」は一見対称的なカテゴリーにみえる．しかし実のところ，言語の中では，「人間＝男性」規則を持つ言語が多いことが知られている．英語においては，man という単語は，男性と訳すことも人間と訳すこともできる．これが「人間＝男性」規則である．人間を指す場合は男性で代用することができるが，女性を人間一般の意味で使用することは文法違反なのである．同様のことは日本語においても指摘できる．「少年」は男の子を意味することも，性別を問わない若い人間一般を意味することもできるが，「少女」という言葉はその意味で使用することができない．こうした規則は一見単に文法規則にすぎないように思える．しかしこうした規則が不便さを指摘されないまま妥当してきた背景には，文化や規範の語り手も聞き手も男性であること，すなわち「何が文化か」を定義する者が無意識的に自分の性別を前提としてきており，「人間＝男性＝我々」という前提で語ってきたことが，あると思われる．こうした前提があるならば，「女性は男でないから人間ではない，つまり我々ではない」ことになってしまう．このように，人間＝男性中心主義を前提とした文化において定義される「女」とは，人間ではない「他者」となってしまうのである[3]．

他者としての女性

これまでの多くの歴史社会において，男性は文化の担い手，すなわち自然の中に秩序を打ち立て人間世界を作り上げる存在として定義されてきた．他方，

---

[3] ボーヴォワールの『第二の性』という著作は，第二波フェミニズムの先駆けとしての位置にあるといわれるが，この表題の「第二の性」とは，「他者化された性」という意味である．ボーヴォワールは，西欧文化によって女性は「他者」の位置に置かれているということを，膨大なこの著作の中で説得的に語っている（ボーヴォワール，1959）．

女性は自然に近い存在として，男性によって支配され秩序づけられることで初めて人間の世界に入ることができる存在として，定義されてきた．近代社会成立期においても，女性は「理性がない」，つまり「人間ではない」存在として定義されたため，参政権・人権を否定されたのである．実際，女性を他者とする表象は，「魔女」や「山姥(やまうば)」など，歴史社会に非常に多く見出すことができる．確かに現代社会において女性を人間として定義することは当然のことになっている．しかし具体的な「女らしさ」の項目や内容を考えた場合，女性を他者として表象する力はけっしてなくなってはいないと考えられる．

参考文献

飯田貴子・井谷惠子編著『スポーツ・ジェンダー学への招待』明石書店，2004年
井上輝子『女性学への招待』有斐閣，1992年，新版，1997年
シモーヌ・ド・ボーヴォワール，生島遼一訳『第二の性』Ⅰ～Ⅴ，新潮社，1959年
井上輝子他編『日本のフェミニズム3 性役割』岩波書店，1995年
江原由美子『ジェンダー秩序』勁草書房，2001年
柏木惠子・高橋惠子編著『発達心理学とフェミニズム』ミネルヴァ書房，1995年
小出寧『男と女の心理テスト』ナカニシヤ出版，1998年
水田宗子・北田幸恵編『山姥たちの物語』學藝書林，2002年

コラム 教育とジェンダー

　教育におけるジェンダーの格差が様々な所で調査され，ジェンダー平等推進のために，学校現場での教育の重要性が指摘されている．「名簿が男が先，女が後になっている」「職業の例として男性が医師，女性が看護師の図が描かれている」「男性を優先的にリーダーとして指名する先生が多い」など，今までなされてきた教育が，意識的・無意識的に，男女の役割意識の固定化を促進していたのではないかという点から，教育内容や教室運営までを総点検する調査研究が行われてきた．

　そして，ジェンダー役割に固定化されない，こだわらない職業教育の推進や，男女混合名簿の推進など，ジェンダー平等のための教育実践は，一定の成果を上げてきた．

しかし，教育とジェンダーの関係を考察するときに念頭に置かなければならないのは，「教育」は教育内部で完結しているものではないということである．

アメリカの学校現場でクラスでの発言回数を対象にした調査研究では，小学校までは男女とも同じくらい活発に手を挙げて発言していたのに，ジュニア・ハイスクールになると，女子生徒の発言回数が明らかに減少するという報告がある．それは，女性が思春期を迎え，おとなしい女の子ほど男の子に好かれるという現実（これは，6章で述べる恋愛感情に埋め込まれた性役割分業を示す）によるものだと結論づけている．無意識的な恋愛感情のジェンダー差が教育現場に影響してくるのである．

高等教育でも同様である．大学進学で，学部による男女差が大きいことが問題になる．例えば，「男性は理数系が得意，女性は文科系が得意という偏見に基づくものだから，大学入学以前の段階でそのような偏見をなくすよう進路指導すべきである」という意見が聞かれる．しかし，学部を詳しくみていくと，同じ理数系でも薬学部は圧倒的に女子が多く，医学部も女性が男性と拮抗している．一方，文科系でも経済学では男性がかなり多い．これも，単に学問分野の得意不得意という偏見に基づくよりも，大学の出口の就職先，そして，その後のキャリアや家庭生活のあり方によって，進学先の学部が選ばれた結果である．

女子医学生の志望動機を調査した結果によると，「結婚，出産で家庭に入っても復職しやすいから医者になる道を選んだ」という回答がよくみられる．将来のライフスタイルが先に決まり，そのあとで専門が決まるという構造がある．

以上のように，教育のジェンダー格差は，現実の恋愛システムや職業生活のジェンダー格差の実態の反映という側面が強いことを念頭に，教育とジェンダーの関係を考察しなければならない．

（山田昌弘）

4 「男」とは何か
——「男らしさ」の代償

山田昌弘

「女らしさ」が問題になると，その対極にある「男らしさ」にも注目が集まる．男性であることによって生じる「抑圧性」に焦点を当てた男性学やメンズリブ運動も生まれている．本章では，現代社会における男性性とその問題点について考察する．

1. 男性学，メンズリブ運動

男は本当に得なのか

男性優位社会といわれているが，今の日本社会は，男性が一方的に「得」をしている社会ではない．

平均寿命で比較すると，女性の方が6歳ほど長生きする．自殺率も男性の方が3倍ほど高く，過労死する人はほとんど男性である．生活満足度で比べても，どの年代でも，女性の生活満足度は男性より高い（図4-1）．デートの時は男性が支払いをする，男性が重い荷物を持つなど，男性に負担を強いる習慣も根強く残っている．また，泣いてはいけない，人に依存してはいけないなど，男性に感情的な抑圧を要求する規範もある．

このように，男性であることによって「損」をするケースがよくみられる．

しかし，従来，「男性が優位な性」（男はえらい）とされることによって，男性役割が抑圧的であるという発想は出てこなかった．『男はつらいよ』という映画シリーズがあったように，男が苦労し，損をすることがあるのは，男が強いことの代償であるという発想である．だから，男性が不利であるケースについて，文句を言うこと自体が「男らしくない」というレッテルを貼られるため，

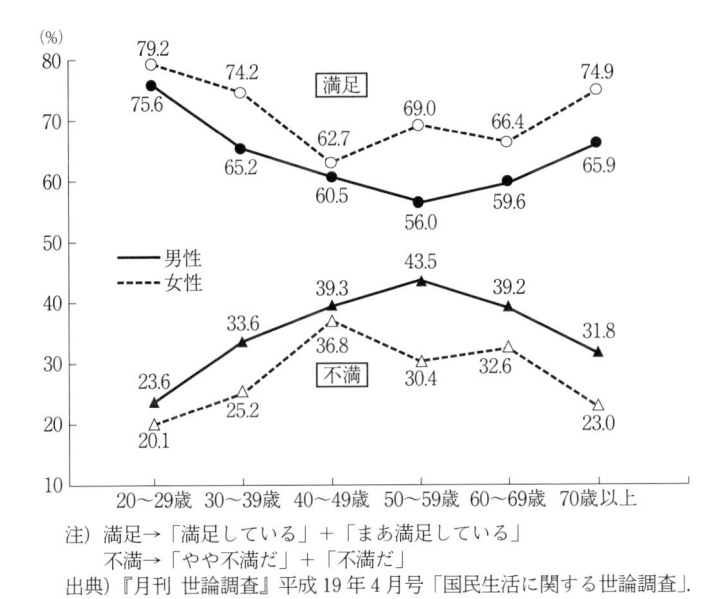

注）満足→「満足している」＋「まあ満足している」
　　不満→「やや不満だ」＋「不満だ」
出典）『月刊 世論調査』平成19年4月号「国民生活に関する世論調査」.

図 4-1　現在の生活に対する満足度（性・年齢別）

「問題化」されにくかった．

男性学，メンズリブ運動の形成

　女性役割からの解放を目指すフェミニズム運動が出現し，男性優位という事実が脅かされて初めて，従来の男性役割の抑圧性が問題として取り上げられるようになる．

　フェミニズム運動が，「女性性」が作られたものであって，女性が自分らしく生きることを妨げる原因になっていることを主張すれば，その裏返しとして，今ある「男性性」も作られたものであり，男性が「生きにくい」原因であるという主張が出てくるのは自然の流れである．

　「男性であることの抑圧性」という発想の出現は，フェミニズム運動の一つの結果であり，男性学やメンズリブという主張が出てくる基盤となっている．

　アメリカでは，1980年代から，女性学に呼応する形で，「男性学」(men's

study)という学問領域が形成された．また，ウーマンリブ(フェミニズム)運動に呼応して，メンズリブ運動も出現した．

フェミニズム運動が一つにくくれないように，メンズリブ運動と呼ばれるものの中にも，様々なタイプがある．「男性としての権利」を守るというのが共通項であるが，従来の男性優位を肯定的に評価するか，否定的に評価するかによって，その立場は大きく異なる．一般に，メンズリブ運動という場合は，従来の男性性の抑圧性を指摘し，男性役割を押しつけられることからの解放を目指すものをさす．

鎧（よろい）理論の限界

日本でも，1990年代から男性学を研究する人が増え，メンズリブ運動も起きるようになった．

その基本的主張は，日本における男性学の草分け的存在である社会学者の伊藤公雄の「鎧理論」というものに代表される．それは，従来の男性は，鎧を着ている存在である．その鎧とは，泣いてはいけない，稼がなくてはいけない，強くなくてはいけない，育児をするのは恥ずかしいといった「規範」から構成されている．このような鎧を着ているために，男性は，本来の自分を表現することができずに，辛い思いをしているというものである．

そこから，「鎧を捨てよう」という主張が出てくる．「従来の男らしさを捨てさえすれば，男性はもっと楽になりますよ」という主張である．人前で泣いてもかまわない，無理して稼がなくてもよい，力が弱くてもよい，育児を恥ずかしがる必要はないというものである．

しかし，「女性が，女らしくなくなれば女性は解放される」というのが誤りであると同じように，「男性が，男らしさを捨てれば解放される」というのは楽観的すぎる．男らしさを相対化して，「男らしくない生き方」という選択肢をとれるようにすることは重要だが，それだけで男性が生きやすくなることはない．

個人が意識を変えれば，「男らしさ」がなくなるわけではない．女性の抑圧

と同じように，男性の抑圧も，社会構造上の根拠が存在する．そこで，社会の中で，「男らしさ」がどのように位置づけられているかを考察してみよう．

性別規範の非対称性

われわれの社会では，「男らしさ」と「女らしさ」は，質的に異なって構成されている．

その質的差異の一つは，性別規範からの逸脱への反応の非対称性である．

服装をみてみよう．女性が，男性のものであったズボンをはいてもおかしくないが，男性が，女性のものであるスカートをはくと，違和感を感じてしまう．マラソンや重量挙げなど男性的とされるスポーツに女性が進出することは歓迎されるが，新体操やシンクロナイズド・スイミングに男性が進出すると，これまた違和感を与えてしまう．

つまり，女性が男らしいことをしても歓迎されるが，男性が女らしいことをするとあまり好まれないという形で感情的反発が出てきてしまうのだ．

女性解放の一つの目標として「男性と同じ立場になること」は歓迎されるが，一方で，男性解放の目標として「女性と同じ立場になること」は，一般的にあまり支持されないのもこのためである．

次の質的相違点として，現実の性役割分業と「男らしさ」「女らしさ」が結びついているという問題が存在する．前章で，近代社会において，女性というジェンダーは，家事や世話などの役割に強力に結びつけられていることを学んだ．一方，男性性は，抽象的には「主体性」(自分で決定すること)や「競争性」(相手より優位になること)，具体的には，「家庭を経済的に支える責任」と結びついている．

つまり，男性性からの解放を構想することが難しいのは，次の二つの理由があるからだと考えられる．

① 男性という性自認が主体性，競争性によって獲得されるという現状
② 家庭を経済的に支える責任から逃れることが非現実的であるという現状

次に，「男らしさ」と「女らしさ」の質的差異に関して，①発達心理的側面，

②社会的・経済的側面という二つの点から，検討を加えてみたい．

2. 「男らしさ」の形成

人は男に生まれない

「人は女に生まれない．女になるのだ」という名言を残したのは，『第二の性』を著したフランスの哲学者ボーヴォワールである．しかし，最近の発達心理学の知見によると，第二の性として作られるのはむしろ，「男」の方であることが分かってきた．

2章で解説した対象関係理論に沿って，性自認獲得プロセスにおける男女の差異，および，性役割獲得プロセスにおける男女の差異を考察してみよう．

近代の性役割分業を前提とする社会では，乳幼児の主たる養育者は，母など女性であることがほとんどである．つまり，性自認獲得過程にある乳幼児にとって，一番身近な存在が女性なのである．この現実は，子どもが自分の「性自認」(男であるか，女であるかという確信——2章参照)を形成する時に，決定的な差異として現れてくる．女の子は，自分と同じ性である母親がそばにいる．それゆえ，自分の性自認を自覚するのはたやすい．「養育者の性別」を自分の性別として認識すればよい．それに対して，男の子は，一番身近な人物が，自分と異なる性であるため，母親とは違った存在として自分の性自認を獲得しなくてはならない．つまり，男性とは，女性ではない性(主たる養育者とは違った性)として認識される．それゆえ，男性にとっては，性自認を形成して維持するという発達課題は，女性に比べて難しくなる．

「である性」と「する性」

対象関係理論をフェミニズム理論に応用したアメリカの精神分析学者ナンシー・チョドロウは，この男女の性アイデンティティの質的差異に基づき，女性を「である(being)性」，男性を「する(doing)性」と表現した．女の子は，母親と同じようにしていれば女性であるという確信が得られる．つまり，そのま

までよい．それに対して，男の子は，母親と違った性であることを「男らしい」ことをすることによって証明しなくてはならない．それは，母親の期待でもある．男だから男らしくなるのではなく，男らしいことをして初めて「男」と認められるのである．

　男性が男性であると確信することの難しさを，フランスの社会史学者エリザベート・バダンテールは，「否定する性」と表現する．男性は，どのようなことが「男らしくないか」を学ぶことによって，男性になるという．また，社会学者の須長史生も，男性同士の競争から男性が降りることの難しさを指摘している (須長, 1999)．

　女性が「男らしくする」ことは，許容されたり，賞賛されることもあるのに対し，男性が「女らしくする」ことに対しては，非難というよりも，感情的な拒否反応が生じる原因は，ここにある．

　女性は「女らしさ」から逸脱しても，「女性である」という性自認はゆらぎにくい．しかし，男性にとっては，「男らしさ」は，「男性である」という性自認と分かち難く結びついている．「男らしさ」からの逸脱は，非難される以上に，逸脱した当人に「自分は男であるのだろうか」という不安をもたらす．だから，男性は男性のジェンダー特性を失うことに，より敏感にならざるを得ないのだ．

　それゆえ，女性が男性的な領域に進出するのは，女性が女性でありながら，今まで禁じられた領域に進出するという点で支持を集めた．しかし，男性が女性的とされる領域に進出しようとする運動は，支持されにくい．例えば，男性にのみ限定されていた大学を女性に解放せよという運動は支持を集め，今の日本には，男性のみが入学可能な大学は一つもない．しかし，女性のみが入学可能な大学は，国立大学も含め何十校も存在し，男性に門戸を開けという要求は，ほとんどみられないことからも分かる．

　フェミニズム運動と比較して，メンズリブ運動が，盛り上がりを欠き，男性の支持をなかなか得られないのもこの理由による．先に述べた「従来の男らしさという鎧を捨てて，自分らしく生きよう」というスローガンは魅力的だ．し

かし,「男らしさ」を捨てることによって,「男である」というアイデンティティを失うかもしれないという不安にどう対処するかが, メンズリブ運動が定着するかどうかの分かれ目であろう.

3. 社会的・経済的責任の問題

家族の経済的責任をとるという「男らしさ」

次に, 社会的・経済的な側面から現在の「男らしさ」が抱える問題点をみてみよう.

「男らしさ」からの解放が, 単に「人前で泣いてはいけない」「お化粧ができない」というレベルにとどまるなら問題はない.

しかし, 先に述べたように, 女性のジェンダー特性は, 家事・育児役割, 特に, それが, 人の世話をする, 人の自己実現や成長をサポートするという性格に結びついている(江原, 2001 参照). 同じように, 現代社会の「男らしさ」も, 社会的・経済的構造, 特に家族の性役割分業の構造の中に埋め込まれている.

「男らしさ」からの解放は, 決して多くの女性に歓迎されているわけではない. それは, 伝統的な「男性役割」が家族の経済的責任と結びつけられて考えられているからである.「家族を守る」「妻子のために稼ぐ」といった家族責任を果たすことが, 男らしいこととして, 男性に求められてきた. そして, 男性であることの「重荷」といわれていることの多くは, この責任に由来するものである. 過労死するのも, 家族の生活のために働くからであり, 夫婦喧嘩で「稼ぎが悪い」というのが禁句となっているのも, 男のプライドを傷つけるからであり, 離婚して「妻子を捨てる」ことが男らしくないとされ非難されるのも, 扶養責任から逃げ出したとみなされるからである. 女性から言い出して離

男らしさ	女らしさ
自己実現＝経済的責任	愛情＝養育・サポート責任

図 4-2　近代社会のジェンダー特性

婚しても「夫を捨てた」となかなかいわれないのは，女性に対しては扶養責任が期待されていないからである．

「男らしさ」の三つの性格

伊藤公雄は，「男らしさ」としていわれているものを，「優越志向」「所有志向」「権力志向」の三つに整理した．この三つの性格は，家族の経済的責任をとる「条件」，もしくはその「報酬」として意識されている場合が多い(伊藤, 1996参照)．他者と競争して，多くのお金を稼ぎ，その結果，家族の中で権力がふるえるという構造になっている．また，自立していること，家族の外で自己実現することが「男らしさ」と同一視されやすいのも，以上の理由による．

家族責任といっても，女性の家族責任は，家事・育児というような「愛情をもって家族のケアをする」ということと受け取られている(3章参照)．

以上のような理由から，「男らしさ」からの解放は，社会的・経済的責任をとらないこと，もしくはとらなくても非難されないことだという誤解が生じる．女性役割からの解放が家事・育児の責任を放棄することと同一視されるという誤解と，表裏一体をなすものである．

この誤解が生じやすいのも，男性学で男性役割のつらさの例に挙げられるのが，家族の中で「経済的責任」を一人で負うことの大変さに関するものだからである．雇用状況が悪化している現在，ジャーナリストの奥田祥子がいうように「男のつらさ」が増しているのだ(奥田, 2007)．

「女らしさ」からの解放が，家事や子どものケア責任をどうするのかという問いを内包しているのと同様に，「男らしさ」からの解放は，家族の経済的責任をどう分担するかという問いと連動する．

4.「男らしさ」の再構築は可能か？

男性解放の課題

男性学，そして，メンズリブの登場は，われわれに新たな二つの課題をつき

つけることとなった．

　まず，第一に，従来の「男らしさ」からの解放が実現したら，「自分が男である」という確信をどこに求めるかという問題である．伝統的な「男らしさ」が男性に重荷をもたらすからといって，男をやめてしまうことができるだろうか．それとも，重荷にならない新しい「男らしさ」の構築を目指すことができるのだろうか．

　ただ，だからといって，今存在している男性を無批判に受け入れればよいということではない．特に，男女関係において，男性であることを証明するために暴力的にふるまうといったケースをみれば，伝統的な男性性が，自分だけでなく，他者に対して抑圧的であるということも考慮に入れなくてはならない．

　また，男である，女であるということをなくす方向を目指すなら，男女の恋愛関係をどう捉えるのか．これは，メンズリブ，フェミニズム双方に課せられた問題である．

　次に，家族における「責任」をどうするのかという課題が残る．女だからといって，家事・育児を押しつけられるのが不当なら，男だからといって経済的責任を押しつけられるのも不当である．かといって，責任を放棄するわけにはいかない．今後の「家族の責任分担のあり方」を再構築することが，メンズリブ，フェミニズム双方の課題となっている．

　その際に，「男性は仕事だけ，女性は家事と仕事を両立」という形が，女性にとって不公平なように，「女性は家事・育児だけ，男性は仕事と家事・育児両方」というあり方も，男性にとって不公平である．

　少なくとも，メンズリブの一つの目標が，「女性に経済的責任の分担を要求すること」である．これが受け入れられるためには，「男らしさを捨ててもかまわない，その代わり私が働いて経済的に支えてあげる」とパートナーに対して言える女性が増えることが必要になる．

参考文献

伊藤公雄『男性学入門』作品社，1996年

伊藤公雄『〈男らしさ〉のゆくえ』新曜社，1993年
江原由美子『ジェンダー秩序』勁草書房，2001年
奥田祥子『男はつらいらしい』新潮社，2007年
アンソニー・ギデンズ，松尾精文・松川昭子訳『親密性の変容』而立書房，1995年
須長史生『ハゲを生きる――外見と男らしさの社会学』勁草書房，1999年
エリザベート・バダンテール，上村くにこ・饗庭千代子訳『XY 男とは何か』筑摩書房，1997年
ナンシー・チョドロウ，大塚光子・大内菅子訳『母親業の再生産』新曜社，1981年

コラム 国民化とジェンダー

　近代国民国家(modern nation state)が，人々の間に国家に同一化する心性を作り出し，国家の様々なプロジェクトに容易に動員することができるように人々を作り変える過程を，「国民化」(nationalization)という．ここで近代国民国家とは，近代市民革命以降のヨーロッパに生まれた，国家による軍事力の独占，国民主権，法による支配と人権思想，「民族」をイメージとして「政治的共同体」を把握する思想，国家と社会の分離などの特徴を持つ国家(地域社会を基盤に形成された統治組織)をいう．近代社会におけるジェンダー化の過程を追った多くの社会史的研究は，近代社会がそれ以前の社会以上に，男女の役割やイメージを異なるものとして区別する社会であること，またそのような近代社会におけるジェンダー化の重要な担い手は，殖産興業政策，近代公教育制度の形成，国民軍創設などを推し進めた近代国民国家であることを，明らかにしてきた．「国民化」とは，ジェンダー化の過程でもあったのである．

　近代国民国家は，古い体制に基づく王国に比較したときの自らのイメージを，多くの場合，身体的に頑強で力と美に溢れた若い男性像を象徴として，表現した．この近代国民国家によって採用された象徴としての男性像は，貴族社会の堕落した精神や肉体を否定するために，ギリシャ・ローマ時代の彫刻のような，贅肉がなく筋肉質の引き締まった均整が取れた躍動的な若い男性像によって表された．このような男性像に引き寄せられるかのように，国民国家において初めて主権者とされた男性たちの多くは，国民国家が主導する公的生活に自ら進んで，取り込まれていった．言い換えれば，男性の「国民化」とは，単に一身上の出世のためではなく国家のために働くことができるような，

「公的生活」に身を捧げる人間を作ることであった．

　他方，女性たちは，市民革命においては，参政権を得ることはできなかった．ゆえに女性は，公的生活において活躍することはもとより，それに参加することも，否定されていた．女性に与えられた場所は，家庭であった．しかし次第に近代国民国家は，この女性たちも「国民化」するにいたる．女性に求められたのは，個人の幸福のためではなく，民族や国家のために，産業の担い手や兵士になる子どもたちを，たくさん産み育てることであった．この「国民化」の過程から，20世紀の人種主義や民族差別主義が生まれ，またホロコーストという人類史上未曾有の犯罪を生み出したナチズムが生まれたことも，忘れるべきではないだろう．　　　　　　　　　　　　　　　　（江原由美子）

参考文献

　トーマス・キューネ編，星乃治彦訳『男の歴史——市民社会と〈男らしさ〉の神話』柏書房，
　　1997年
　ジョージ・モッセ，細谷実他訳『男のイメージ——男性性の創造と近代社会』作品社，
　　2005年
　上野千鶴子『ナショナリズムとジェンダー』青土社，1998年

コラム　軍事化とジェンダー

　戦争のために組織された集団を軍あるいは軍隊という．この軍隊に関連する全てのことを，軍事と総称する．「軍」事という言葉は，軍の構成員である軍人に対して一般市民を民間人，軍による統治である軍政に対して民間人による統治を民政と呼ぶなど，「民」事の対語として使用されることが多い．軍事化とは，この軍事／民事の二項対立を前提として，軍事が民事に対する影響力を増していくことをいう．軍事化には，軍人の発言力が増大していくことを意味する政治的軍事化，軍事産業の力が増大していく経済的軍事化，軍事的思考様式や価値観が力を増していく社会的・文化的軍事化などがあるといわれる．

　社会的・文化的軍事化はジェンダーと密接な関連性を持つ．近代国民国家は，徴兵制をしくために，社会的・文化的軍事化を進め，軍人が民間人よりも価値が高いという意識を形成した．この軍人と民間人の価値比較は，具体的には，身体の強さ，暴力性，技術的知識，冷徹さなどの「男としての価値」によって，イメージ化された．ここから，

軍隊は「少年を男にする」場所として喧伝(けんでん)され，男性たちは「男らしさ」の競争によって，兵士になるように駆り立てられることになった．他方，女性たちは，この「男らしさ」を持たないがゆえに，男性よりも価値が低いものとみなされ，「二流市民」として扱われた．近代国民国家のジェンダー化において，軍事化が果たした役割は非常に大きい．

　しかし20世紀以降，軍事化とジェンダーの関わりは，より複雑化している．戦時下においては，一方では，性役割分業を前提に，女性を「軍人の母」「軍人の妻」としてより深く軍隊に組み込むようなジェンダーが形成された．しかし他方においては，性役割分業をゆるがすような形で，女性を女性兵士として軍隊に組み込むことも試みられた（第二次世界大戦においては，連合国側〔アメリカ・イギリス・ソ連など〕は女性兵士の活用を図ったが，枢軸国側〔ドイツ・日本・イタリアなど〕は，女性兵士の活用を見送った）．また第二次世界大戦後には，徴兵制を廃止する国も多くなり（日本もその一つであることはいうまでもない），兵士として軍事任務につくことを市民権の不可欠の構成要素とする認識は，薄まってきている．しかしこのような変動の中でも，人々に「男らしさ」「女らしさ」を配当することによって軍事化を推し進める「策略」が，現代社会においても持続的に張り巡らされていることを，忘れてはならないだろう．

（江原由美子）

参考文献

シンシア・エンロー，上野千鶴子監訳，佐藤文香訳『策略——女性を軍事化する国際政治』岩波書店，2006年
佐藤文香『軍事組織とジェンダー——自衛隊の女性たち』慶應義塾大学出版会，2004年

5 専業主婦という存在

山田昌弘

　性役割分業は，ジェンダー問題の中核であり，今後とも中核であり続ける．「男は外で仕事，女は家で家事・育児」という分業形態は，近代社会になって出現したものである．その象徴が，「専業主婦」という存在である．本章では，現代における専業主婦の立場について考察し，性役割分業の将来を探る．

1. 性役割分業

近代社会における性役割分業

　仕事を分割し複数の人に振り分けることによって，効率よく行うというのが，役割分業の経済学的な意味である．一人の人で全部の仕事を行うよりも，多くの人で分業した方が，一人当たりの生産性が上がる場合に，分業が生じる．

　また，社会学には，分業が連帯を生み出すという考え方もある．一人で行うのではなくて，二人以上のチームで一つのことを成し遂げることによって，人々の間に連帯感が生じるというものである．

　しかし，性役割分業は，単に仕事を分割して効率よくこなすために行われる分業，社会的連帯を生み出すための分業とは異なった意味を持っている．特に，近代社会における「家族生活」の中身をみてみると，「夫は外で仕事，妻は家で家事・育児」という形の性役割分業が広くみられ，その形態がスタンダードだと思われている．この分業形態は，家族生活を維持するために不可欠な仕事を，生活に必要なものを買うために外で仕事をしてお金を稼ぐ人，家の中で料理や洗濯や掃除といった家事，育児，介護などをする人に分割し，それぞれ，夫(男性)と妻(女性)に割り当てるという分業形態である．

　この形の性分業形態は，通常の経済的・社会学的分業とはその意味が異なっ

ている．一つには，外での仕事と家の中での仕事では，その仕事自体の性質が異なっていること，もう一つの理由は，この分業形態が，男女の仕事内容だけではなく，男女の「生き方」を規定しているという事実である．順に考察していく．

アンペイド・ワークとしての家事

　近代社会においては，働き方に異なった二つの形態がある．一つは，家族の外でお金を稼ぐ労働であり，これを賃労働と呼ぶ．もう一つは，家族の中で行われる労働であり，これを家事労働と呼ぶ．これは，仕事の内容によって区別されているわけではない．例えば，料理という労働を考えてみよう．レストランのコックは，外で仕事として料理を行えば，賃労働となり，同じ人が家で自分の家族のために料理をすれば，家事労働となる．子どもの世話も，保育園で保育士が行えば賃労働であり，家で親が行えば家事労働である．

　賃労働は，その労働の価値が，市場によって，常に，比較され，計算され，対価が支払われる．一方，家事労働は，その価値は，比較されず，計算されず，対価が支払われるわけではない．同じく有意義で，付加価値を生み出す労働であっても，賃労働はお金が支払われる有償労働であり，家事労働はお金が支払われない無償労働である．そのため，家事労働は，アンペイド・ワークの一種だということができる（家事はアンペイド・ワークだが，ボランティア活動のように，アンペイド・ワークは必ずしも家事とは限らない）．

家事労働の女性的性格

　では，なぜ，家事の担当者が「女性」となったのだろうか．「料理や裁縫が女性に向いている」という言い方があるが，すし職人やフレンチ・レストランのコックなど外でお金を稼ぐ料理人の大多数は男性であり，ファッション・デザイナーにも男性が多い．家事で行っている仕事の内容が「女性向き」という理由で，女性が家事の担当者になっているわけではない．

　むしろ，アンペイド・ワークとしての家事労働の性格が，近代社会における

「女性的性格」と結びついている．家事には，競争がなく，効率性を求められることは少ない．上手にやったからといって，給料が多くもらえるわけではないし，下手で時間がかかったとしても叱られるわけではない．

　外での仕事は，効率的に，そして長時間行えば，周りからの評価が高まり，お金が多くもらえる．ということは，それをする動機は，「功利的」なものであるといえる．しかし，家事は，「功利的」な動機で行われるわけではない．家事を行う動機は，一種の「愛情表現」であると思われている．そして，相手をサポートする活動や愛情が女性性と結びつけられていることを思い起こしていただきたい(3, 4章参照)．特に，「子育て」は，母性愛と呼ばれるように，母親の本能の表現だと思われている．それゆえに，家事や育児を行わないこと，行いたくないと思うこと自体が，女性的でないと周りから評価されることになる．したがって，家事労働は，女性としてのアイデンティティを確認するための活動だということができる(2, 3章参照)．

　逆に，4章でみたとおり，男性は，男性であるというアイデンティティを確保するためには，競争社会の中で勝つこと，つまり，仕事において成功することが必要になる．

　男は仕事，女は家事という性役割分業は，単に仕事の分割ではなく，仕事ができる男性が男らしく，家事好きな女性が女らしくみられるという，アイデンティティの差に根ざしている．

　女性は仕事ができなくても，女性であるというアイデンティティには響かないのと同じように，家事ができなくても，男性は，男性であるというアイデンティティを損なうわけではない．だから，男性は，家事という負担はできれば避けたいと思う．しかし，女性には，家事をしないと女性としてみられないのではないかという不安が存在する．それが，家事を女性の仕事として割り当てる圧力になっている(山田, 1994参照)．

2. 専業主婦とは何か

立場としての「専業主婦」

前節で「男性は仕事，女性は家事・育児」という性役割分業は，単に，家族の役割を配分するということではなく，男性である，女性であるというアイデンティティと結びついていることを示した．それに加え，この分業形態は，近代社会における男性，女性の「生き方」を決めてしまう性質を持っている．その象徴的存在が，「専業主婦」なのである．

専業主婦とは，一つの「立場」や「生き方」につけられた言葉であって，それを職業とみなしてはならない．サラリーマン／専業主婦と並立されるが，サラリーマンは，妻が専業主婦でなくても，また，妻がいなくても，サラリーマンであり続けられる．しかし，専業主婦は，お金を稼いでくれる夫がいなければ，専業主婦であり続けることはできない．社会的にみれば，「無職」に分類される人々である．「無職」がよくないといっているわけではなく，自分の労働以外の何かによって，経済的に支えられなければ，生活を続けることができない存在としての無職(お金を稼ぐ仕事をしていない存在)なのである．

専業主婦の仕事は，家事や育児や介護であるといわれる．しかし，家事や育児や介護は，専業主婦の特権的仕事ではない．共働きの妻や夫，シングルマザーも，家事・育児は行っているのである．家事・育児はすばらしい仕事だという意見があるが，そのすばらしい仕事を行っているのは，専業主婦だけではない．また，専業主婦を，ボランティア活動やPTA活動の担い手と位置づける議論もあるが，ボランティア活動をしない専業主婦もいれば，PTA活動をする働く主婦や男性もいるのである．

専業主婦の定義

私は，専業主婦を「自分の生活水準が夫の収入に連動する存在」と定義している(山田，2001)．

例えば，年収300万円の夫を持つ専業主婦と，年収1500万円の夫を持つ専業主婦とでは，生活水準が大きく異なる．しかし，年収1500万円の夫を持つ専業主婦が年収300万円の夫を持つ専業主婦の5倍多く働くわけではない．むしろ，高収入の夫を持つ専業主婦なら，皿洗い機を買ったりベビーシッターを頼んだりして楽ができる．中には，人任せで，家事を全くしない「専業主婦」もありうる．一方，収入の低い夫を持つ専業主婦は，節約したり安いモノを買ったりするために，相当の努力を強いられる．夫の収入格差が，そのまま自分の生活格差となる．主婦自身がいくら努力しても，生活のゆとりが増すわけではない．

この定義では，年間100万円程度稼ぐパート主婦も，準専業主婦として扱うことになる．その程度の年収では，夫の収入を補うことはできても，夫の収入格差を逆転することはできない．博報堂生活総合研究所の調査でも，妻の収入が夫の収入の3分の1を超えないと，家族関係への影響はほとんど出てこないという調査結果が出ている(博報堂生活総合研究所, 1989)．

夫の収入レベルは，単に経済的生活水準だけでなく，主婦の心理的プライドにまで影響する．主婦が毎日行っている家事労働の「出来」は，まず他人から関心を持たれない．つまり，自分の努力が評価されにくい存在なのだ．一方，周りの人が専業主婦をみる目は，住宅の広さや着ている服，レジャー活動の頻度などの生活レベル，夫の学歴，職業，地位，子どもの通っている学校のレベルなどによって異なる．

自分の行う仕事(家事)は評価されずに，むしろ，どれだけ「楽」ができているかを，周りの人々は評価する．経済的生活水準と同じく，他者からの評価さえも，自分の能力や努力ではなく，夫の経済力に連動してしまう存在が専業主婦なのである．

専業主婦の不安定性

このようにみていくと，専業主婦は，近代社会の基準でいえば，不安定で不合理な存在だということもできる．

高収入の夫を持つ専業主婦は，経済的には満足した生活を送れるかもしれない．しかし，自分で自分の人生を切り拓くという自己実現の道は開かれていない．人からよく思われるのは，自分の実力の結果ではなく，夫の実力であることを専業主婦自身はよく知っている．一方，夫の収入の低い専業主婦は，「夫の収入が高ければ良い生活ができるのに」という潜在的不満と隣り合わせである．

　近代社会では，「自分の努力の成果が，人々から評価される」ことが，人々の生き甲斐を生み出している．家事という仕事が評価されにくく，逆に，自分の努力とは無関係な夫の収入による消費生活が評価される（人からうらやましがられたり，同情されたりする）．それだけ，専業主婦は，近代社会における生き甲斐から「疎外」されている存在なのである．

　唯一，自分の努力の結果と思える活動が，子どもの教育である．子どもの教育に熱心な専業主婦が多いのも，子どもの通っている学校のレベルが，自分の努力の成果と思えるからである．また，活動専業主婦と呼ばれるボランティア活動や趣味的活動を行う主婦が増えるのも，他者からの評価を求めている主婦が多いことを示している．

　これだけ，構造的に不満を持ちやすい存在であるにもかかわらず，戦後から高度成長期にかけて専業主婦が増大し，現在まで維持されてきた理由の方を考察する必要がある．結論を先取りしていえば，専業主婦型家族の不満を抑制していたのは，実は，「夫の収入が上がり続けるという期待」であった．

　この意味で，日本では，経済の高度成長期，戦後から1970年代までは，専業主婦は社会的・経済的にも，心理的にも適合的な存在であった．しかし，1980年頃から事情が変化し始める．経済の低成長期には，夫の収入が上がり続けるという期待が失われていく．その時以来，専業主婦の矛盾点が徐々にあらわになってくるのである．

3. 専業主婦の歴史

専業主婦の誕生

　専業主婦の歴史を振り返ってみよう．専業主婦という存在は，近代社会の発明品である．社会が産業化される前は，多くの庶民の仕事は農業や自営業であって，女性も家業を維持するために生産労働に従事していた．一方，貴族などの上流階級では，育児は乳母に，料理などの雑事は使用人にさせていたのであり，上流階級に属する女性は，家事・育児などにはほとんど関わっていなかった．

　17～18世紀頃，ヨーロッパの中産階級に専業主婦が誕生したといわれている．産業化が進行し，男性は家の外で働く機会が増大する．すると，企業家など家族の外でお金を多く稼ぐ男性は，職場と生活の場である住居とを分離するようになる．その結果，徐々に，外でお金を稼ぐ賃労働と，家族の中で行われる家事労働への分離が進行し，家の外で働かない女性(妻)が，家事・育児の専任の担当者となる．その反面，家の外で働く男性(夫)は，家での仕事が免除されるようになる．

　その際，生産から分離した生活の場で行われる家事・育児と女性を結びつける，強力なイデオロギー(1節で述べた，家事・育児などは女性の愛情表現であるという意識)が形成された．そのイデオロギーが現在になっても，われわれの意識を縛っているのである．

専業主婦の一般化

　20世紀初頭までは，欧米でも，専業主婦を養えるような男性は，企業家や専門職など「ブルジョワジー」と呼ばれる一部の人に限られた．

　日本でも，戦前までは，人口の大部分が農業や自営業に従事していた．ほとんどの女性は，農作業をしたり家業の手伝いをしたりして生産労働に従事していたのである．また，当時は男性工場労働者の賃金は低く，就労も不安定だっ

たので，妻が専業主婦でいられる余裕はなかった．労働者の妻は，夫と同じく外で働いたり，内職をしたりしなければ，生活が成り立たなかった．官僚や軍隊の将校，大会社の管理職の妻など少数の例外を除き，専業主婦はほとんどみられなかった．

　欧米では戦間期(第一次世界大戦と第二次世界大戦の間の時期，ほぼ，1920～30年代)，日本では戦後の経済の高度成長期(1955～73年)に，専業主婦が増大する．それは，農業など自営業が衰退し，「企業」が生産の主役となる社会の出現と表裏一体のものである．経済が発展し，企業が勃興すると，工場や会社で長時間働く労働者(ホワイトカラーを含む)が必要となる．企業の側からみれば，専業主婦のいる家族とは，労働者を二重の意味で供給してくれる装置である．労働者の身の回りの世話は，専業主婦が行ってくれる．何よりも，未来の労働者である子どもを，教育投資して，知識や技能を持った労働者(サラリーマン)に育ててくれるのだ．これを，労働力の再生産という．つまり，社会は，労働力の再生産機能を専業主婦のいる家族に全て任せることができた．

　これは，家族の側からみても，メリットがあった．男性にとっては，家事や育児の一切を引き受けてくれる専業主婦がいることは楽だと思えたし，女性にとっては，農作業など外での仕事をしないですむ専業主婦になることは，一種のあこがれであったのだ．

　企業は，男性労働者に，妻子を養える給料を安定的に長期間供給するようになる．この給与システムを生活給という．それは，男性労働者に対して，独身時代の給料を低くし，結婚して子どもが生まれるに従って，その生活費に見合った給料を支払うというシステムである．

　実は，「給料」以上に，企業が労働者家族に供給した最大のものは，「希望」なのである．それは，「男性は仕事，女性は家事・育児をして，一生懸命努力すれば，豊かな生活が築ける」という希望である．「希望」は，努力が報われるという見通しがあるときに生まれる．長時間労働であっても，単調な家事・育児であっても，努力して頑張れば豊かな生活が待っているという確実な見通しがあったから，高度成長期の家族は，男女とも希望を持てた．そして，多く

の家族にとって，その夢は現実のものとなったのである(山田，2004, 2005 参照).

専業主婦が成立する条件

社会学者である落合恵美子は，専業主婦が成立する条件として，①夫が失業しない，②夫が死なない，③離婚しない，という三つの要素を挙げた(落合，2004 参照).私は，それに加えて，④結婚できる，⑤夫の収入が上がり続ける，という条件を加えたい.

その中でも重要なのは①と⑤の条件で，「男性労働者の雇用が安定しており，収入が増大し続ける」という条件，つまり，「終身雇用と年功序列賃金体系」という戦後日本企業の男性に適用された賃金体系の特徴に置き換えることができる．そして，この条件は，戦後からオイルショックまでの時期に，多くの企業(官公庁を含む)が提供できたが，21世紀の現在では，企業が提供できるかどうか怪しくなっているものである．つまり，戦後日本社会で一般化した「終身雇用と年功序列賃金体系」は，サラリーマン／専業主婦型家族の夢を支え，不満を抑制していたといえる．

男性は企業等で働いて努力する，女性は家事・育児で努力する．そうしていれば，男性の給料は自然に上がり，生活水準も上昇する．男性にとっても，女性にとっても，努力が報われると容易に感じることができた時代であった．

また，夫による収入の格差が存在したとしても，自分の生活が豊かになり続けていれば，不満を持ちにくい．なにより，夫の収入格差は，時間によって解決されると意識できたのである．隣の家がカラーテレビを買っても，1年後にはうちでも買える．同じ社宅の住人が一戸建てを建てて引っ越しても，数年後に頭金が貯まればうちだって持てる，と思うことができた．現実に，この時期，男性労働者の収入格差は縮小傾向にあった(橘木，1998 参照).

つまり，女性にとっては，定職に就いている男性と結婚すれば，生活が豊かになるという見通しが持てたから，安心して専業主婦になって，豊かな生活という夢をみることができたのである．

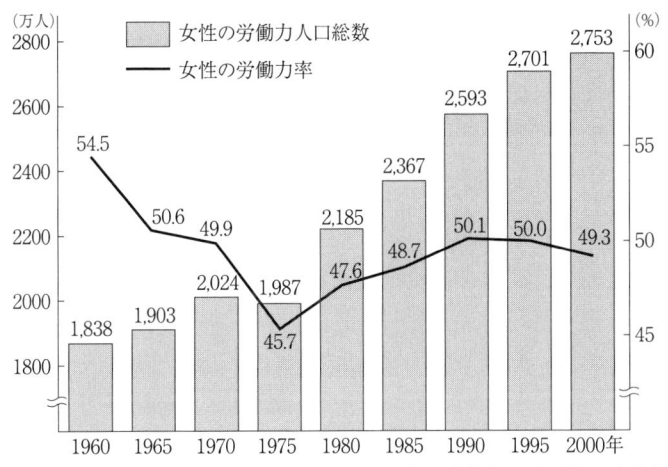

注）労働力人口総数とは就業者（自営業主，家族従業者，雇用者）と完全失業者の合計．労働力率とは15歳以上人口に対する労働力人口の割合．
資料）総務省統計局「労働力調査」．
出典）坂東眞理子編著『図でみる日本の女性データバンク（4訂版）』財務省印刷局，2001年，p. 39.

図5-1　女性の労働力状態

専業主婦の増大

　その結果，経済の高度成長期に，専業主婦が増大した．図5-1をみても分かるように，女性の労働力率は，1960年以降，1975年まで一貫して低下している．専業主婦数でみると，図5-2が示すように，1955年には900万人弱だったが，1980年には1600万人弱と約1.8倍になっている．

4．専業主婦の黄昏

経済の低成長化と専業主婦の基盤の喪失

　企業が安定した雇用と，増大する収入を提供できなくなったとき，専業主婦という立場は，その経済的・心理的存立基盤を失う．

　日本では，1973年のオイルショックが転換点になった．生活が豊かになり，

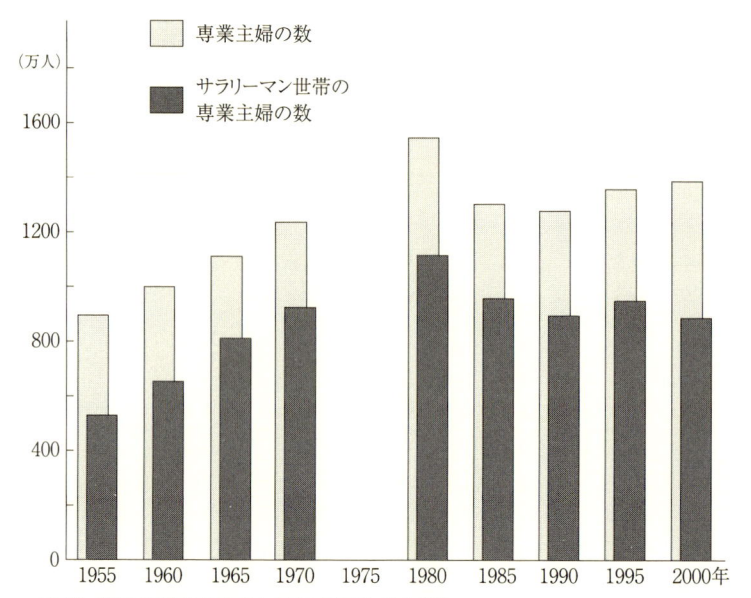

出所）経済企画庁『平成9年版 国民生活白書』.
資料）1955～1970年は総務庁統計局「国勢調査」，1980年以降は同「労働力調査特別調査」.
出典）坂東眞理子編著『図でみる日本の女性データバンク（4訂版）』財務省印刷局，2001年，p.17を改変.

図5-2 サラリーマン世帯の専業主婦数の推移

多くの人が中流の生活を謳歌できるようになった反面，経済の高度成長が終焉し，男性労働者の大幅な収入の増加が見込めなくなった．その上，戦後から高度成長期にかけては縮小していた男性労働者の収入格差が再び開き始めるのも，この頃からである（橘木，1998，佐藤，2000参照）．

収入の伸びが期待できない男性と専業主婦の組み合わせでは，将来の生活に希望が持てなくなった．特に，日本では，住宅ローンと教育費が家計に重くのしかかり，その支払いに追われる家族も出現する．

既に結婚している専業主婦は，夫の給料の伸びを補うため，パート労働に出，兼業主婦化する人が多くなる．一方，未婚女性は，収入が高くなる見込みが薄い男性との結婚をためらう傾向が強まる（6章参照）．

たとえ，夫の収入が高く，豊かに生活ができたとしても，なかなか人から評価してもらえない主婦業のむなしさが，専業主婦の間に広がってくる．いわゆる，ボランティア活動や趣味活動などで活躍する女性が増え，女性の社会進出が進んだといわれるのも，1980年代である．

専業主婦の微修正の時代(1975～99年)

戦後一貫して増加していた専業主婦の数は，1975年をピークに下降に転じ，パートタイム等で働く既婚女性が増える．未婚率が上昇を始め，その結果，少子化が進む．この時期を，専業主婦体制の微修正(主婦のパート化と晩婚化)の時期ということができよう．微修正に留まったのは，男性社員の終身雇用は守られたのと，様々な専業主婦の優遇政策(配偶者特別控除の新設，基礎年金掛け金負担の免除)がなされ，「夫の収入と自分の生活水準が連動する」という専業主婦の本質は維持されたまま，問題が先送りされたからである．

一方，アメリカでは，1955年には77%と日本以上に高かった専業主婦率が，1999年には22%にまで劇的に低下した(賀茂美則ルイジアナ州立大学准教授の計算による)．1970年代の不況は日本以上に深刻で，男性の雇用不安が強まると，貧乏な専業主婦よりも豊かな共働きの方が望ましいと，共働きへの転換が進んだ．1990年代後半に生じたアメリカの好景気は，この時期に共働き化して，二人分の収入を持つ家族の旺盛な消費活動に支えられていたとみる論者もいる．また，ヨーロッパ，特に北欧やフランス，イギリスなどの諸国でも，女性の職場進出が進み，夫婦共働きが標準形態となった．

専業主婦の黄昏

日本では，1990年代後半から，ニュー・エコノミーの影響を受けて，男性サラリーマンの雇用が不安定化し，収入上昇の見込みが立たないどころか，企業の倒産や余剰労働者の解雇によって，終身雇用さえも維持できるかどうか分からないところまできている(9章3節参照)．

このような状況では，サラリーマン／専業主婦家族の希望が失われていく．

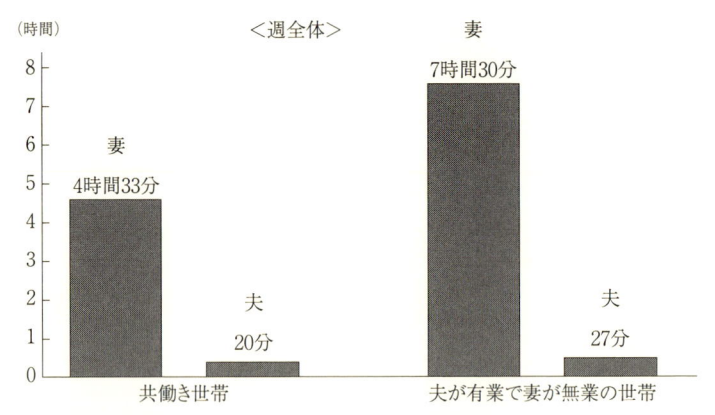

```
(時間)           <週全体>            妻
  8                              7時間30分
  7
  6    妻
  5  4時間33分
  4
  3
  2              夫                    夫
  1             20分                  27分
  0
         共働き世帯         夫が有業で妻が無業の世帯
```

資料）総務庁統計局「平成8年 社会生活基本調査」．
出典）坂東眞理子編著『図でみる日本の女性データバンク(4訂版)』財務省印刷局，2001年，p.77．

図5-3　男女の家事関連時間(夫婦と子どもの世帯)

まず，結婚時点で，若い男性一人の収入では，期待する豊かな生活を維持するのが難しくなっている．このため結婚を遅らせる傾向はますます強まっている．結婚したとしても，夫の給料が上昇するという見通しが持てない．その中で，子どもを産み育てることは，ますます「リスク」を伴ったものとして受け止められている．専業主婦のままでは，豊かな生活を築くという夢は，多くの人にとって，実現不可能なものになりつつある．主婦のボランティア活動や趣味的活動は，高収入の夫に支えられていることを考えれば，そのような活動で評価されたいという願望の実現可能性も少なくなっている．

また，離婚率が急上昇し，2001年には，結婚3組当たり1組以上が離婚するという状況になっている．たとえ，雇用が安定し収入が上昇する男性と結婚したとしても，離婚するというリスクとは無縁でいられない．

となると，欧米のように，共働き化を進め，二人の収入を合わせて，豊かな生活を保つこと，そして，働きながらボランティア活動や趣味活動などで評価されることが，解決策として浮かび上がってくる．

一方，21世紀を迎えた家族と職場の状況をみると，様々な障害があって，共働き化はなかなか進行していない．

一つは，両親が働きながら子どもを育てる職場環境が整っていないことが挙げられる．また，図5-3にみられるように，家庭においても，男性の家事時間が少なく，共働きをすると女性に仕事と家事という二重負担がかかるといわれている．政策的にも，多少の見直しはなされているが，専業主婦を標準とする政策が依然としてとられている．

　これも，「男性＝仕事，女性＝家事」という性役割分業が標準であるという意識に，職場，家庭，政府，自治体などがまだまだとらわれていることを示している．

参考文献

坂東眞理子編著『図でみる日本の女性データバンク（4訂版）』財務省印刷局，2001年
博報堂生活総合研究所編『90年代家族』博報堂，1989年
早瀬鑛一『男の家事のすすめ』三水社，1999年
落合恵美子『21世紀家族へ 第3版』有斐閣，2004年
佐藤俊樹『不平等社会日本』中央公論新社，2000年
橘木俊詔『日本の経済格差』岩波書店，1998年
山田昌弘『近代家族のゆくえ』新曜社，1994年
山田昌弘『家族というリスク』勁草書房，2001年
山田昌弘『希望格差社会』筑摩書房，2004年
山田昌弘『迷走する家族』有斐閣，2005年

6　ゆらぐライフコース
——少子化とジェンダー

山田昌弘

　現代日本社会では，少子高齢化が進行している．それは，日本を取り巻く経済・社会状況が変化しているにもかかわらず，伝統的な性役割分業意識が強く残存しているのが一つの理由である．本章ではこの理由を詳しく分析し，あわせて，感情レベルのジェンダー意識と役割レベルのジェンダー意識が強く結びついている様相を考察し，最後に，ジェンダーにこだわらない生き方が，現代社会をよりうまく生き抜く鍵であることを示す．

1. 進む少子化

少子高齢化の進行

　現在日本では，少子化が進行し，社会問題になっている．女性が一生の間に持つ平均子ども数を，合計特殊出生率という．図6-1をみれば分かるように，1970年頃までは2.2人前後で推移していたのが，1975年頃から急降下して，1989年には1.57となり，2005年には1.26まで低下している．

　この数字が2.2以下ならば，長期的に人口は減少する．日本でも，2005年に総人口の減少が始まった．

　人口減少自体は，憂慮することはないが，高齢化が進む中で子どもの数が少なくなれば，人口構造のゆがみが様々な問題を生み出す．高齢者が多くなり，その生活を支える現役世代が少なくなれば，現行の年金制度の維持が難しくなり，介護の担い手の確保も心配される．また，将来にわたって労働力が不足し，現在の生産水準(＝生活水準)が保てない事態も考えられる．政府も1990年代後半から，エンゼルプランなどによる少子化対策に力を入れ始めている．

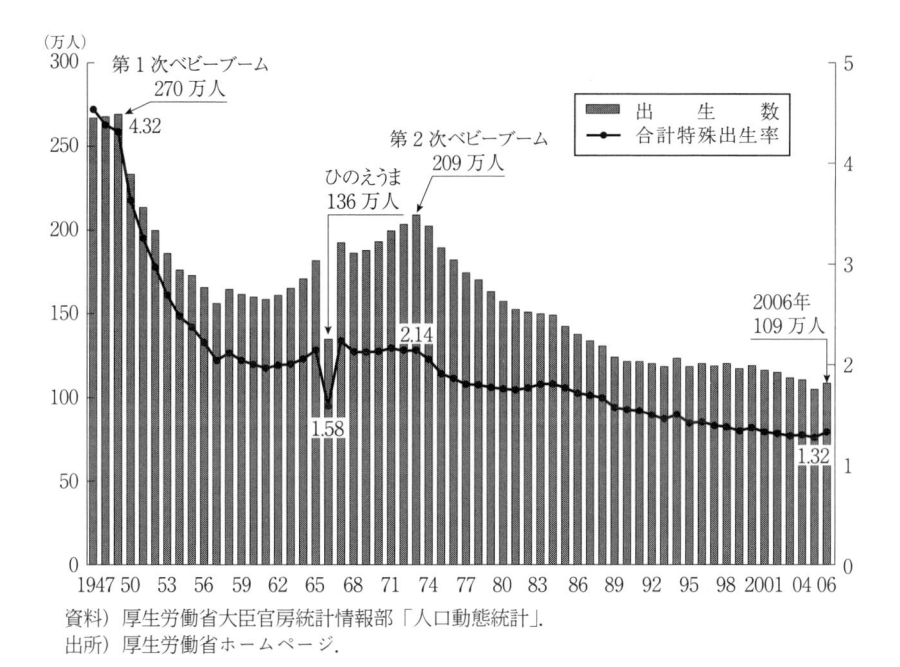

図6-1　出生数および合計特殊出生率の推移

資料）厚生労働省大臣官房統計情報部「人口動態統計」．
出所）厚生労働省ホームページ．

女性の社会進出が少子化の原因とはいえない

　少子化の原因に関する議論が盛んである．中には，「女性が社会進出したから子どもが少なくなった」「仕事を優先する女性が増えたから，結婚しなくなった」「女性が高学歴化するから悪い」などの意見もみられる．

　家族に関係した社会問題が認識されると，それを「女性の社会進出」に結びつけてしまうという傾向がある．これも，女性の社会進出に反発するステレオタイプな見方に起因している．

　この合計特殊出生率という数字自体が偏見を助長する側面がある．子どもは女性の意志だけで産まれるものではない．統計調査上の便利さから，「女性が産む人数」という数字を使うが，子どもを産むには男女双方が関わっているから，少子化に女性だけが責任があるという問題の立て方自体不当である．

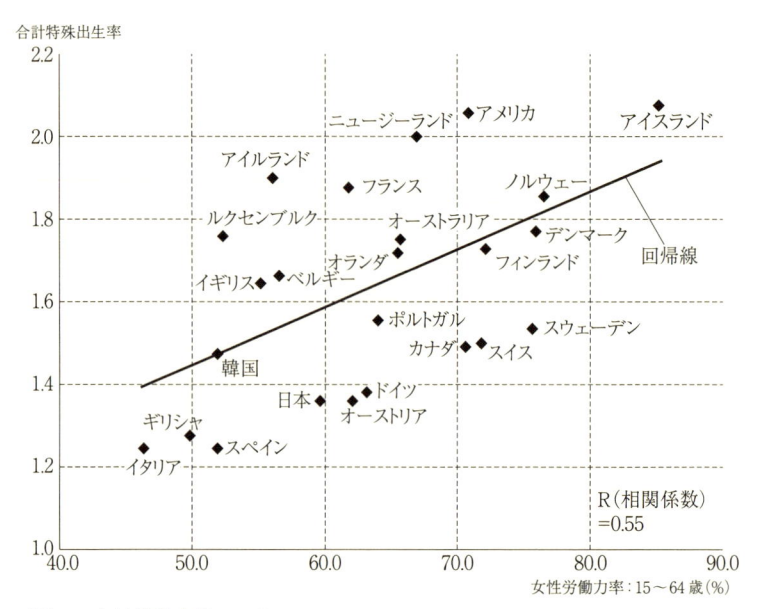

図6-2 OECD加盟24カ国における合計特殊出生率と女性労働力率
(15～64歳, 2000年)

注) 1. 女性労働力率：アイスランド，アメリカ，スウェーデン，スペイン，ノルウェーは16～64歳．イギリスは16歳以上．
2. 回帰線：全体の分布を一次関数で近似したもの．右肩上がりなら正の相関を表す．
3. 相関係数：－1～1の値をとり，絶対値が1に近いほど2変数の相関が強いことを示す．

資料) Recent Demographic Developments in Europe 2004, 日本：人口動態統計, オーストラリア：Births, No. 3301, カナダ：Statistics Canada, 韓国：Annual Report on the Vital Statistics, ニュージーランド：Demographic Trends, アメリカ：National Vital Statistics Report, ILO Year Book of Labour Statistics より作成．
出所) 内閣府男女共同参画局ホームページ．

　少子化の実態をみてみると，女性の社会進出が原因といえるどころか，日本社会において，女性の社会進出が遅れていることが，少子化の原因と考えた方が理にかなっている．

　先進諸国の状況を比較してみると，専業主婦が依然として多い国，つまり，女性の職場進出が進んでいない国ほど，少子化が急速に進行していることが知

られている．図 6-2 に示されているように，合計特殊出生率と女性労働力率には，強い相関関係が認められている．すなわち，アメリカ，またアイスランドやノルウェーなどの北欧のように女性の職場進出が進んでいる国では，子どもの数は多く，イタリア，日本，スペインなど，専業主婦の多い国ほど，少子化が進行している．

少子化は，①結婚しない人が増えている，②結婚しないで子どもを産む人が諸外国に比べて極めて少ない，③夫婦の間で子どもの数が減っている(1990年以降顕著になっている)，という三つの要因に分解することができる．

いずれの理由も，一見，女性の社会進出に原因があるようにみえるが，現実は異なる．例えば，結婚よりも仕事を選ぶ女性が増えたから，結婚が少なくなったという俗説がある．しかし，多くの調査は，仕事を持っていたとしても未婚女性の結婚願望は衰えていないことを示している．未婚男女(35歳未満)のほぼ 9 割は，いずれ結婚したいと望んでいる．「結婚したいけれども，適当な相手が見つからない」というのが，未婚化の直接原因である．

また，日本では，結婚していない女性から産まれる子ども(婚外子，法律用語では非嫡出子と呼ばれる)の割合が極端に少ない．明治時代から戦前までは，婚外子の数は 7〜10% 程度であったのが，戦後急速に低下して，近年はわずか 1% 強にすぎない．欧米では，結婚年齢は遅れても，未婚で子どもを産む女性が急増している(多くは同棲しているカップルの女性である)．日本では，ひとり親に対する社会的差別や経済的困難があるため，婚外子が増えないともいわれている．

最後に，日本社会では子どもにお金がかかるという現実がある．子育て期にある人に，子どもを持たない，もしくは，少なく産む理由を尋ねると，「子どもにお金がかかる」という回答が多く返ってくる．

これらの要因は，いずれも，「男は仕事，女は家事」という伝統的な性役割分業意識が残存していることに関係がある．このロジックを次節で考察する．

2. 専業主婦志向が強いことが未婚化，少子化の大きな原因

専業主婦志向と未婚化

5章では，専業主婦を「自分の生活水準が夫の収入に連動する存在」と定義した．

様々な調査結果をみても，いまだに家事・育児責任は女，経済責任は男と考える人は多い．つまり，男性が女性の生活を経済的に支えるべきだという感覚は，日本社会ではまだ衰えていない．表6-1をみてみよう．これは，2000年に連合総合生活開発研究所において行われた30歳代調査から引用したものである．

30歳代という比較的若い対象者であるにもかかわらず，「家族の生活を支える責任は夫にある」と考える人が多数派を占めている．共働き女性でさえ，8割近くの人が賛成している．

このような状況下では，専業主婦志向の女性は，収入が高い男性と結婚した方が，将来豊かな生活を送ることができる．そして，自分の母親が専業主婦の場合，自分の父親以上の収入を稼ぐ男性と結婚しなければ，結婚後の生活水準が，自分の生まれ育った家庭に比べて低下してしまう．

その結果，自分の収入に自信がなく，従来の性役割分業の維持，つまり，専業主婦を期待する男性，および，親の収入が高く専業主婦志向の女性ほど，結婚相手がみつかりにくくなっている．この関連性は様々な調査データによって支持されている．

5章で論じたように，経済の高度成長期には，若い男性の収入は安定し，伸びが期待できた．だから，専業主婦を前提としても結婚相手に困ることはなかった．

しかし，現在，若い男性の収入は相対的に低下し，また不安定化している（9章参照）．つまり妻子を養いながら，豊かな生活を維持できるほどの収入を見込める男性の数が少なくなっている．すると，女性側からみると，結婚はした

表6-1 家族状況,就労形態別 性役割分業意識

① 家族の生活を支える責任は夫にある

	賛成	どちらかといえば賛成	どちらかといえば反対	反対	NA	N
共働き男性	52.1	32.1	10.9	4.2	0.6	(165)
片働き男性	52.9	41.4	4.0	1.4	0.6	(278)
共働き女性	30.7	48.6	14.7	6.0	—	(251)
専業主婦女性	33.6	55.6	8.9	1.4	1.5	(214)

② 家事や育児の責任は妻にある

	賛成	どちらかといえば賛成	どちらかといえば反対	反対	NA	N
共働き男性	7.3	44.2	33.9	13.9	0.6	(165)
片働き男性	11.5	54.7	22.7	10.8	0.4	(278)
共働き女性	2.8	39.4	34.3	23.5	—	(251)
専業主婦女性	8.4	52.3	29.9	8.9	0.5	(214)

③ 夫の収入が多ければ,妻は無理して働く必要はない

	賛成	どちらかといえば賛成	どちらかといえば反対	反対	NA	N
共働き男性	32.7	34.5	24.2	7.9	0.6	(165)
片働き男性	45.7	38.8	12.2	2.9	0.4	(278)
共働き女性	14.3	23.5	42.6	19.5	—	(251)
専業主婦女性	30.4	40.2	22.9	6.1	0.5	(214)

④ 妻が専業主婦であっても,夫は家事・育児にかかわるべきである

	賛成	どちらかといえば賛成	どちらかといえば反対	反対	NA	N
共働き男性	46.7	44.2	4.8	3.0	1.2	(165)
片働き男性	38.8	50.7	7.2	2.2	1.1	(278)
共働き女性	59.4	35.1	4.0	1.2	0.4	(251)
専業主婦女性	49.5	46.7	3.3	0.5	—	(214)

出典)連合総合生活開発研究所「少子化社会における勤労者の仕事観・家族観に関する調査研究報告書」2001年.

いのだけれども,女性が働かなくても豊かな生活が送れるだけの経済力を持った男性がなかなかみつからない.男性からみれば,自分の収入で満足してくれる女性がなかなかみつからない.これが,「結婚したいのだが,適当な相手がみつからない」という理由の裏側にある現実である.

また,1990年代後半からは,結婚した夫婦間の子ども数も減少し,少子化に寄与していることが明らかになっている(社会保障審議会人口部会,2006).これも,子どもを持ちたくないから,子どもを持たないというわけではない.夫婦の理想とする子ども数は,だいたい2～3人で,この数字も大きくは変わっていない.子どもを何人も持ちたいけれども持てないという理由は,子育ての負担の重さにある.

日本社会では,子どもを育てるのに,手間とお金が相当かかる.特に,欧米と異なり,塾,スポーツ教室,お稽古ごとなど学校以外の教育費の額が多く,また,大学など高等教育費用は親の負担とされている.

たとえ,結婚にこぎつけたとしても,男性一人の片働きでは,子どもを何人も育てることは経済的に難しい家庭が多くなる.フルタイムの共働きで,二人の収入を合わせて子どもを育てることができれば,経済的負担には耐えられる.しかし,現在のところ,共働きをしながら,時間的・精神的に余裕をもって子どもを何人も育てる環境が整っていない.それも,外でのフルタイムの働き方が,男性の長時間労働を前提にし,パート賃金が低く抑えられているからである.

以上のように,「男は外で仕事,女は家で家事・育児」という性役割分業意識が根強く,また,共働き環境が整っていないことが,日本社会で少子化が進行する大きな理由となっていることは明白である.

3. 身体化した性役割分業

性役割分業の多様化を阻むもの

「夫が生活を支え,妻が家事・育児に専念する」という家族だけでなく,「夫

も妻も適度に働き，家事・育児を分担する」家族，そして，「収入の高い妻が家計を支え，夫が家事・育児の主たる負担者になる」といった家族形態が一般化すれば，結婚のミスマッチはかなり解消するはずである．なぜなら，実際に未婚で留まっているのは，仕事能力が比較的高い女性と，仕事能力が比較的低い男性が多いからである．

しかし，現実には，なかなか「収入の高い妻，家事・育児をこなす夫」という組み合わせは形成されない．さらに，夫婦とも同じくらいの経済力を持つ組み合わせもそれほど多くない．夫の方が，妻よりも学歴や収入が高い組み合わせが，現実には多く存在する．

これは，だれと結婚するか，すなわち，配偶者選択が，経済的理由だけでなく，「好き嫌い」という感情に基づいているという理由による．結婚は，まさに，ジェンダーにおいて，「性役割分業」という性役割の構造と，異性愛(恋愛)の構造が交錯して作り出される現象なのである．

好まれる異性のタイプのジェンダー差

性役割分業は，どのような異性を好きになるかという恋愛感情の中に埋め込まれている．「蓼食う虫も好きずき」ということわざはあるが，異性に好まれるタイプは，だいたい決まっている．それは，乳幼児期から，どのような異性が魅力的であるかということが，繰り返し刷り込まれ，「身体化」してしまうからである．「身体化」とは，自分の意志では容易に変えることができない，自分に内在すると感じられるモノになるということである．自分がどのタイプの異性にひかれるかということを，自分の意志で決めることはできない．「好き」という気持ち(逆に嫌いという気持ち)は，自分の内側から湧いてくるモノとして経験される．

そして，現代日本社会においては，伝統的な性役割分業と性的魅力のタイプが，かなり一致して形成されている．男性は，社会的・経済的地位が高いほど，言い換えれば，競争社会の中で序列が高い男性ほど，女性に好まれる．例えば，野球選手やサッカー選手では，ホームランバッターやエースストライカーが女

性からもてるのであって，補欠の人は通常は素敵だとは思われない．集団の中でリーダーシップをとる男性が格好いいとされるのであって，黙々と言うことを聞くだけの男は，女性からなかなか相手にされない．男性の性的魅力と，社会的・経済的地位は，かなり相関するのである．

一方，女性は，社会的・経済的地位と，男性からの選ばれやすさとは無関係である．かえって，能力の高い女性は，「自分にとってもったいない」「引け目を感じてしまう」といわれ，男性から結婚相手として避けられる傾向がある．男性からみて，家事好き，容姿がかわいい，自分のやりたいことを犠牲にして男性に尽くしてくれるといった要素を持った女性が，男性から結婚相手として好かれるケースが多い．

「自然な感情」として身体化した性役割分業

これを，性役割分業の側からみてみよう．女性は，自分よりも仕事能力の高い男性に魅力を感じ，男性は，自分より仕事能力の高い女性を避けてしまう．そして，男性は，家事好きの女性に魅力を感じる．このような二人がお互いに好きになり，結婚すれば，結果的に，男性が仕事をして，女性が家事をするという組み合わせができあがり，それがあたかも自然にそうなったかのように意識される．

性役割分業は，お互いが性役割分業に適した異性を好きになりやすいという感情レベルの性差に支えられている．

これを選択される側から考えてみよう．性役割は，ただ単に，それが押しつけであるから身についてしまうものではない．相手の期待に沿って，性役割を自ら取得するという側面がある．日常語で述べれば，相手(異性)に好かれたいがために，「男らしく」もしくは「女らしく」するという側面を無視してはならない．

そのため男性には，常に，経済的に成功しなければならないという圧力がかかる．4章では，「男らしさ」にこだわることに由来するプレッシャーの問題性を明らかにしたが，「男らしさ」にこだわらざるを得ないのは，女性が男性

に,「男らしさ」を求めるからである.

　どのタイプの異性を好きになり,どのタイプの異性が避けられるかという「感情レベル」の性差(魅力の構造と呼んでおく)も,社会的に形成されたものである.社会的成功が男性の魅力,家事・育児好きが女性の魅力という構造も,高度成長期の性役割分業に基づいて作り出されたものである.

　しかし,そのステレオタイプが一度作られると,なかなか変わらない.そして,子ども時代から,マスメディアに接触したり,仲間とのコミュニケーション関係の中などで,無意識的に身につけてしまう.われわれが小学校5年生と中学校2年生の生徒に,恋人にしたいタイプを聞いた調査でも,背が高く,スポーツができ,自分をリードしてくれる資質を持った男の子が女の子に好かれ,顔がかわいく,背が低く,自分に合わせてくれる性格の女の子が男の子に好かれる傾向がある.これは,成人が結婚相手として相手に望む資質と,ほぼ一致している.

　自分が異性に好かれる存在として意識し始めたときから,ジェンダー化の圧力は強まる.異性を意識しない小学校低学年では活発にふるまっていた女の子が,異性を意識しだした途端に「おとなしくなる」という現象は,よくみかける.また,女の子の中で,異性が集団にいるときと,同性だけが集団にいるときでは,態度が変わる人が見受けられる.それも,異性の目からどうみえるかを気にしているからだと解釈できる.

性役割分業の変革には,感情レベルの変革が必要

　「男は仕事,女は家事」という性役割分業観に対し,頭の中の考えでは反対しても,身体化した性役割に従ってしまい,結果的に性役割分業を支持する選択をしてしまうこともありうる.

　例えば,「家事好きな女性が好き」「仕事をする女性は,いてもいいけれども,私は好きにならない」という男性がいて,彼を好きな女性ならば,それに合わせなければ恋愛は成就しない.逆に,仕事をし続けたい女性は,頭で考えれば,家事や育児を手伝ってくれる時間に余裕のある収入が低い男性と結婚すれば,

「あなたが結婚する際，結婚相手の条件で最も重視するのは何ですか．既婚の方は結婚した時の条件をお答えください．（○は4つまで）」，「逆に，一般的に言って，異性は結婚する際に，結婚相手の条件で何を最も重視すると思いますか．（○は4つまで）」

(a) 男性の望む結婚相手の条件を比較的把握している女性

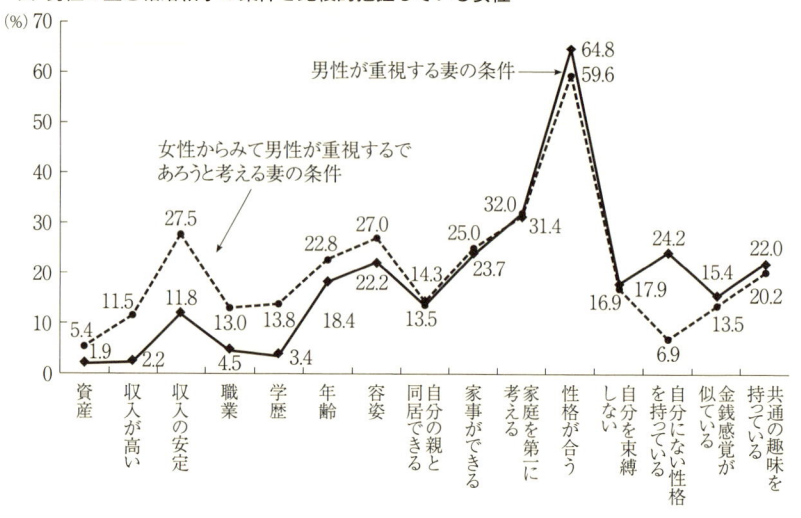

男性が重視する妻の条件
女性からみて男性が重視するであろうと考える妻の条件

項目	女性の予想	男性の実際
資産	5.4	1.9
収入が高い	11.5	2.2
収入の安定	27.5	11.8
職業	13.0	4.5
学歴	13.8	3.4
年齢	22.8	18.4
容姿	27.0	22.2
自分の親と同居できる	14.3	13.5
家事ができる	25.0	23.7
家庭を第二に考える	32.0	31.4
性格が合う	64.8	59.6
自分を束縛しない	16.9	17.9
自分にない性格を持っている	24.2	6.9
金銭感覚が似ている	15.4	13.5
共通の趣味を持っている	22.0	20.2

(b) 女性の望む結婚相手の条件を比較的把握していない男性

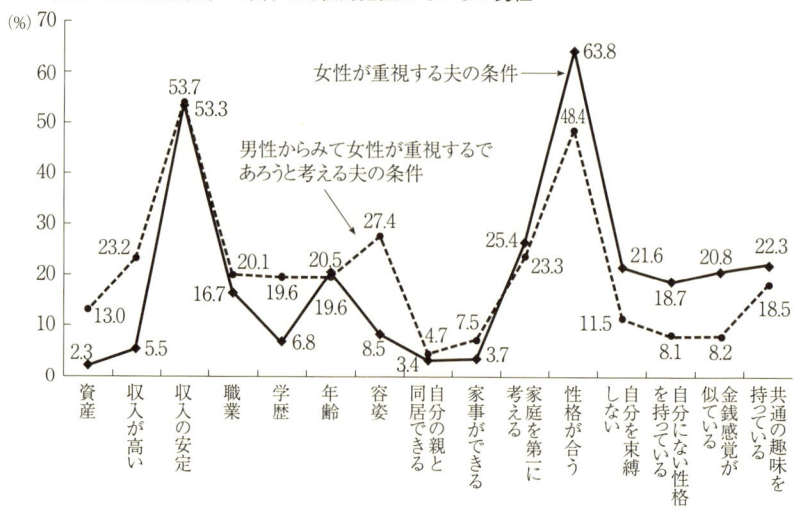

女性が重視する夫の条件
男性からみて女性が重視するであろうと考える夫の条件

項目	男性の予想	女性の実際
資産	13.0	2.3
収入が高い	23.2	5.5
収入の安定	53.7	53.3
職業	20.1	16.7
学歴	19.6	6.8
年齢	20.5	19.6
容姿	27.4	8.5
自分の親と同居できる	4.7	3.4
家事ができる	7.5	3.7
家庭を第二に考える	25.4	23.3
性格が合う	63.8	48.4
自分を束縛しない	21.6	11.5
自分にない性格を持っている	18.7	8.1
金銭感覚が似ている	20.8	8.2
共通の趣味を持っている	22.3	18.5

備考) グラフはいずれも，19選択肢のうち15選択肢を抜粋している．
出典) 経済企画庁国民生活局「平成9年度 国民生活選好度調査」．

図6-3 配偶者に求める資質

役割的にうまくいくはずだが，彼女たちが男性として魅力を感じる相手は，仕事ができる，自分よりもはるかに忙しい男性であることが多い．

それゆえに，性役割分業の変革のためには，性的魅力の構造を変革することが前提条件になるのだが，「感情レベル」に深く埋め込まれた魅力の構造は，なかなか変化しない．

あるフェミニストは，「一般的に異性に好かれる必要はない．自分を好きな人を一人見つければよい」と説くが，自分を好きになった人を好きになれるかどうかは別問題である．自分が好きになった人が，男らしい男性，もしくは女らしい女性が好きだった場合，どうするかという問題も出てくる．だから，多くの人は，一般的に好かれる素質を身につけようとするのだ．

ある経済学者は，「経済状況が変化すれば，魅力の構造もそれに従って，変化するはずである」(八代，1993)と説く．確かに，家事や育児が好きなことが女性が男性を選ぶ基準になり始めている．また，収入が高い女性と結婚したいと考える男性も多くなっている．長期的にみれば，魅力の構造も変化する．

図6-4をみてみよう．これは，国立社会保障・人口問題研究所が行っている独身者調査から，女性のライフコースに関する女性の希望と男性の期待の調査を抜粋したものである．年代が新しいほど，専業主婦を望む女性やそれを期待する男性が減少し，結婚，出産しても継続して働くことを望む女性や，それを期待する男性が増えてきている．特に，2005年の調査だと，専業主婦を望む未婚女性が20％弱いるのに，配偶者に専業主婦になってもらいたいと思う男性は，12.5％にまで激減している．男性の意識変化の方が，女性の意識変化よりもスピードが速くなっている．これも，男性の収入の不安定化に伴った意識変化だと考えられる．今後は，「雇用が安定し，収入がある程度ある男性」に魅力を感じる女性の意識をどのように変えていくかが，男女平等のために必要となるかもしれない．

未婚女性の理想のライフコース

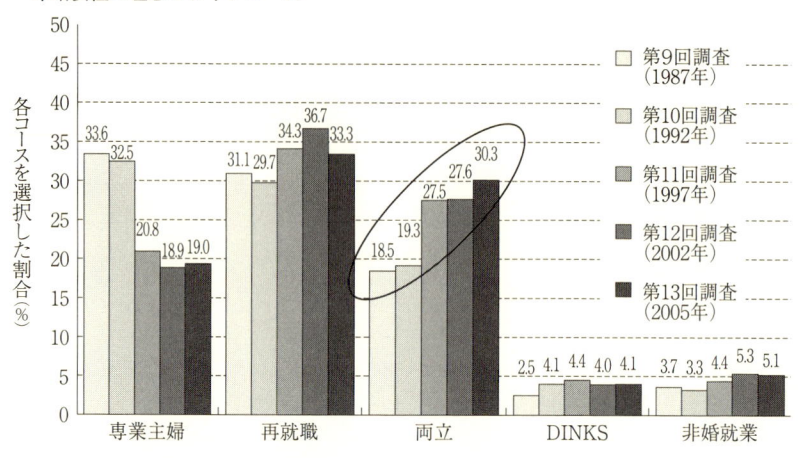

コース	第9回(1987)	第10回(1992)	第11回(1997)	第12回(2002)	第13回(2005)
専業主婦	33.6	32.5	20.8	18.9	19.0
再就職	31.1	29.7	34.3	36.7	33.3
両立	18.5	19.3	27.5	27.6	30.3
DINKS	2.5	4.1	4.4	4.0	4.1
非婚就業	3.7	3.3	4.4	5.3	5.1

未婚男性が期待する女性のライフコース

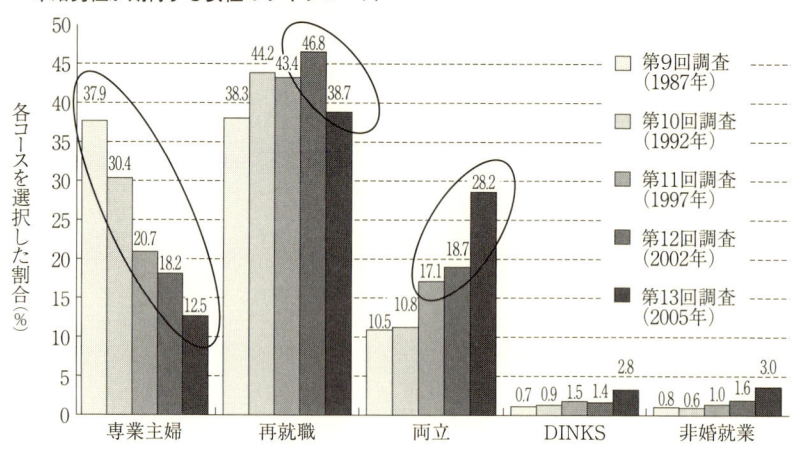

コース	第9回(1987)	第10回(1992)	第11回(1997)	第12回(2002)	第13回(2005)
専業主婦	37.9	30.4	20.7	18.2	12.5
再就職	38.3	44.2	43.4	46.8	38.7
両立	10.5	10.8	17.1	18.7	28.2
DINKS	0.7	0.9	1.5	1.4	2.8
非婚就業	0.8	0.6	1.0	1.6	3.0

注）ライフコースの説明：
　専業主婦コース＝結婚し子どもを持ち，結婚あるいは出産の機会に退職し，その後は仕事を持たない
　再 就 職コース＝結婚し子どもを持つが，結婚あるいは出産の機会にいったん退職し，子育て後に再び仕事を持つ
　両　　立コース＝結婚し子どもを持つが，仕事も一生続ける
　DINKSコース＝結婚するが子どもは持たず，仕事を一生続ける
　非婚就業コース＝結婚せず，仕事を一生続ける

出典）国立社会保障・人口問題研究所「結婚と出産に関する全国調査」2005年．

図6-4　未婚女性の理想のライフコース，未婚男性が期待する女性のライフコース

4. ゆらぐライフコースの中で

ライフコースの多様化の裏側で

女性のライフコースの選択肢が増えたといわれる．確かに，結婚しないスタイル，結婚して子どもを持たないスタイル，未婚で子どもを産み育てるスタイル，共働きのライフスタイル，さらには，男性が家事・育児を負担するスタイルなどが出現し，違和感を持たれることは少なくなっている．

生き方の多様性が認められるようになったことと，その生き方が可能かということは，別問題である．近代社会では，職業は自分で自由に選択できるようになった．しかし，選択可能だからといって，自分の好きな職業に就けるわけではない．その仕事に就きたいといっても，仕事の側から断られることも多いのだ．

自分の選択肢が増えているということは，「自分が選ばれない」覚悟も同時にしなくてはならないことを意味する．このようなライフスタイルで暮らしたいと思っても，かつそのライフスタイルが世間的に認められていても，そのライフスタイルを共有してくれる相手がいなければ，実現しない（一生独身で通すという選択肢だけは，実現可能だが）．

また，選択肢が増えると，かえって選択しづらくなるという現実もある．特に，自分の仕事を決めたり，結婚するという選択は，何度もやり直しがきくというものではない．自分に都合の良い選択肢を待っているうちに，年を重ねて選択できない状況になってしまうこともある．

戦略的思考のすすめ

このような視点でみると，現在のライフコースは，確かに多様化しているが，その多様性が選択の結果とはいえない．「専業主婦になりたい」という30年前ならごく普通の選択肢が，徐々に実現不可能なものになりつつあるのは，5章でみてきたとおりである．

現代社会では，男性の収入が不安定化し，結婚関係も不安定化している．1930年生まれの人は，95％以上の人が結婚し，離婚経験率は10％程度だった．しかし，1980年生まれの人は，生涯結婚率は75％程度，生涯離婚経験率は30％になると予測されている．

このような不安定な社会の中では，男女とも「戦略的発想」が求められる．結婚するかもしれないし，しないかもしれない．離婚するかもしれないし，しないで一生終わるかもしれない．夫の失業や収入低下があるかもしれないし，ないかもしれない．どのような経済状況，家族状況に将来置かれるかは，予測できないものになっている．生活リスクに出会う確率が高まっている（ベック，1998参照）．

その中で，従来の性役割分業にこだわっていると，そもそも結婚しにくくなるし，結婚後も，いざという時（夫の失業や離婚）に生活に困ることになる．

生活リスクに対する最大の備えは，男性，女性にかかわらず，仕事，家事能力を持っておくことである．そうすれば，結婚しなくても大丈夫だし，結婚後，夫が失業しても再就職までの間妻の働きで生活を支えることが可能となる．また，離婚後の生活など，ある程度のリスクヘッジが可能となる．失業や離婚がなければ，それはそれで豊かな生活が享受できることになる．

ジェンダー・フリーという（男女という役割にこだわらない）生き方，そして，男女共同参画社会の構想は，今起こっている家族生活のリスクへの対応として出てきたと捉えることができる．

参考文献
今田高俊編『リスク学入門4 社会生活からみたリスク』岩波書店，2007年
ウルリヒ・ベック，東廉・伊藤美登里訳『危険社会』法政大学出版局，1998年
川本敏編『論争・少子化日本』中央公論新社，2001年
目黒依子・渡辺秀樹編『講座社会学2 家族』東京大学出版会，1999年
岡原正幸他『感情の社会学』世界思想社，1997年
国立社会保障・人口問題研究所「日本の将来推計人口（平成18年12月推計）」2006年
八代尚宏『結婚の経済学』二見書房，1993年

山田昌弘『結婚の社会学』丸善，1996 年
山田昌弘『パラサイト・シングルの時代』筑摩書房，1999 年
山田昌弘『家族というリスク』勁草書房，2001 年
山田昌弘『少子社会日本』岩波書店，2007 年
山田昌弘・白河桃子『〈婚活〉時代』ディスカヴァー 21，2008 年

7 変わる出産，変わる生殖医療

江原由美子

　妊娠や出産に関わる経験は，社会意識や社会制度，また医療技術の開発や普及等によって大きく変化している．本章では，近年みられる変化について，特に生殖医療技術の発展に焦点を当てて考察する．生殖医療技術の開発や普及が，現代の家族観やジェンダーとどのような関わりを持っているのか，考えてみよう．

1. 妊娠・出産を論じる視点

　妊娠や出産は，女性の生物としての身体機能に基づく活動であるだけに，人間活動を自然 vs 文化(社会)という対立軸において分類する時，もっとも自然に近いところにある活動と考えられがちである．実際，出産という活動を論じる文章の中には，「太古から変わらない生物としての人間の営み」とか，「女性が本能にもどる時」など，自然的・生物学的出来事として出産を位置づける表現が，多々みられる．しかし実のところ，妊娠・出産に関わる人間の活動や行動は，社会によって大きく異なり，歴史的にも変化している．妊娠・出産に対する「自然の営み」という定義は，こうした社会的・歴史的変化に対する認識を覆い隠してしまいがちなのである．

　また，生殖という活動に両性が関与していることは自明であるにもかかわらず，妊娠・出産という身体機能が女性に備わっていることをもって，妊娠・出産・子育て全ての責任が女性にあるという主張がなされる場合も多い．本来社会的な役割分担あるいはジェンダーとして認識されるべき事柄であるのに，自然的・生物学的規定性として誤って認識されているのである．例えば，「妊娠・出産は『生物学的』に女性の役目として定められているのだから，女性が

子どもの責任を全て負うのは当たり前だ」とか,「人間は哺乳類だから,子育てには乳が必要.乳が出るのは女性だから,子育てを女性がするのは自然界の掟」などの言い方である.「自然」や「生物学」という言葉で生殖責任を女性に帰すジェンダーが強いことから,不妊原因が男女双方にあることは生物学的に確認されているにもかかわらず,社会通念においては,「不妊は女性が原因」というような考え方すら存在する.このように,「生物学」という言葉は,実際の生物学の内容に関わりなく,ジェンダーを正当化するために,利用されてきたのである.それだけではない.生物学・科学・医療技術自体も,社会意識や社会通念の影響を受けない「中立的」「客観的」なものであるわけではけっしてないのだ.以上のことは,妊娠や出産を,社会や文化との関連性で考察し,意識や制度や技術の変化によってどのように変わってきているか考察することの重要性を示しているといってよいだろう.

2. 現代日本における出産の変化

もっとも大きな変化は,いつ何人子どもを産むかということ自体において生じている.例えば日本では,この50年間に,結婚した女性が産む子どもの数は半減している(表7-1).子どもを産む年齢も,かつては,10代から40代まで広く分布していたが,現代では20代後半～30代前半に集中してきている.いつ何人子どもを産むかということに限ってみても,非常に大きな変化がみられるのである[1].

このような変化が生じてきた背景には,避妊法の普及など,妊娠・出産をコントロールするための医療知識・技術の開発や普及がある.日本社会においては,明治時代以来,刑法に堕胎罪を定め,人工妊娠中絶を禁止してきた.1920年代に加藤シヅエらによる産児調節運動が開始され,避妊法の普及が図られた

---

1) 世界全体では人口増加に伴う貧困化や環境破壊が心配されているが,先進諸国はどの国も多かれ少なかれ少子化傾向がある.日本においても,少子化傾向が顕著であり,将来人口が減少すると予測されている(図7-1).

表7-1 平均出生児数(結婚持続期間15〜19年)

調査年次	平均出生児数
第1回調査(1940年)	4.27人
第2回調査(1952年)	3.50
第3回調査(1957年)	3.60
第4回調査(1962年)	2.83
第5回調査(1967年)	2.65
第6回調査(1972年)	2.20
第7回調査(1977年)	2.19
第8回調査(1982年)	2.23
第9回調査(1987年)	2.17(2.19)
第10回調査(1992年)	2.21
第11回調査(1997年)	2.21
第12回調査(2002年)	2.23

注) 第9回調査は，初婚の妻を対象とした集計である．カッコ内の数値は第8，第10回調査と同じ，初婚同士の夫婦にもとづいた平均出生児数である．
出典)「厚生省人口問題研究所出生動向調査」，井上輝子・江原由美子編『女性のデータブック』有斐閣，第2版，1995年，p.5に，第11回，第12回調査値を追加．

が，戦時中には非合法化され，運動参加者は検挙された．敗戦後，海外からの大量の引揚げ者と出産ブームにより人口が急増すると，政府は一転して人口抑制策に転じ，刑法の堕胎罪を存続させたまま優生保護法[2]を成立させ(1948年)，人工妊娠中絶を合法化するとともに，避妊法の普及を図った．

このような制度変革もあって，避妊経験率は戦後急激に上昇した．しかし，日本における避妊法は，現在に至るまでコンドームが主流であり，女性が主体的に選択できる避妊手段はあまり普及していない(表7-2)．先進国の多くにおいて，女性が主体的に使用できる避妊手段として，経口避妊薬(ピル)が普及しているが，日本ではピルの避妊薬としての解禁は非常に遅れ(1999年)，解禁後も様々な理由からあまり普及していない．

---

2) 優生保護法は，途中小改正はあったものの，1994年まで同じ名称で存続した．1994年の国際人口・開発会議(カイロ会議)において，この法律の名称と目的が障害者の人権を侵害する優生思想に基づくものであることが国際世論から指摘され，1996年に，親の遺伝性疾患などを理由とする不妊手術などの項目を削除し，かつ名称を母体保護法に変えるなどの改正がなされた．

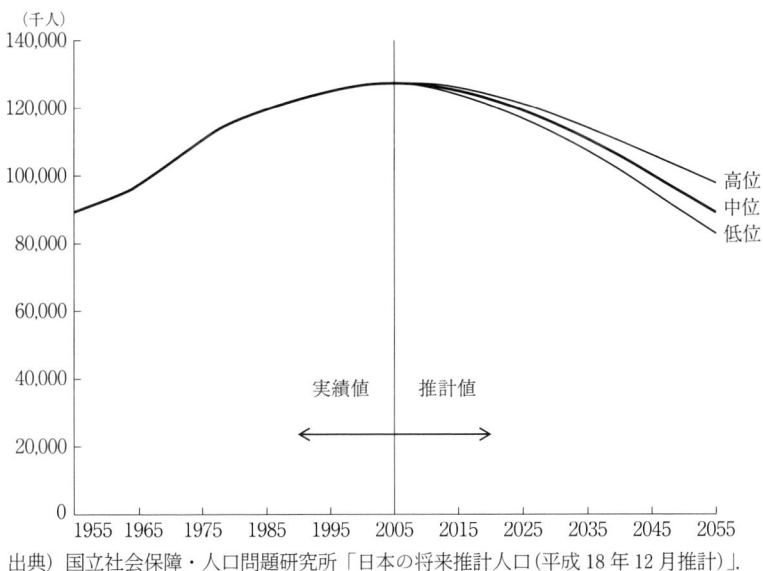

出典）国立社会保障・人口問題研究所「日本の将来推計人口（平成18年12月推計）」．

図7-1　総人口の推移（出生中位・高位・低位〔死亡中位〕推計）

表7-2　避妊法，別普及割合の各国比較　(％)

避妊法 \ 国名	オランダ 1993	ドイツ 1992	イギリス 1992	スウェーデン 1994	アメリカ n=38,663 1995	日本 n=1,668 2000年
ピル	59.5	54.6	40.6	38.8	26.9	1.5
バリア法（コンドーム他）	10.1	13.4	21.9	23.5	22.3	75.3
リズム法	—	7.2	1.6	6.1	2.3	6.5
膣外射精	—	1.0	1.0	3.1	3.0	26.6
IUD	3.8	12.4	7.3	21.4	0.8	2.7
不妊手術	16.5	10.3	27.1	5.1	38.6	6.4
注射法	—	0.2	0.4	2.0	3.0	—
その他	10.1	—	—	—	3.0	10.7

出典）井上輝子・江原由美子編『女性のデータブック』有斐閣，第4版，2005年，p. 35．

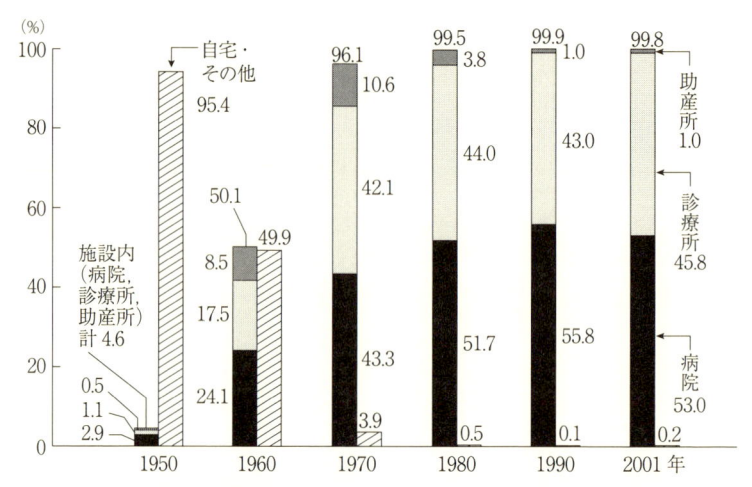

注) 1992年から住所地外国を含む．
出典) 井上輝子・江原由美子編『女性のデータブック』有斐閣, 第4版, 2005年, p. 33.

図7-2 出生の場所別，出生割合の年次比較

　出産する場所については，1960年代にそれまでの自宅出産から施設内出産に変化し，現代では出産の99％は病院などの施設内の出産である(図7-2)．病院出産が一般化するにつれて，新生児死亡率や妊産婦死亡率は急激に減少した．他方，会陰切開や陣痛促進剤投与など，妊産婦の身体に負担をかけるような医療措置が，病院の都合などにより一般化したり，夫や家族から切り離され妊産婦が孤独を感じるケースが増えたりするなどの問題があることも指摘されている．図7-3は，施設別に，赤ちゃんが産まれる曜日と時刻を示しているが，病院においては平日の午後2時頃に集中している．これは，病院では産婦の出産時刻をコントロールしていることを示している．出産時刻のコントロールに使用する陣痛促進剤の濫用に対しては，批判も多い．

　また近年，医師不足等の理由により産院が減少し，妊産婦が遠い病院に通院せざるをえない状況や，緊急時の妊産婦の病院搬送が困難になりたらい回しにされるなどの問題も起きている．安心して出産できる態勢の整備が求められる．

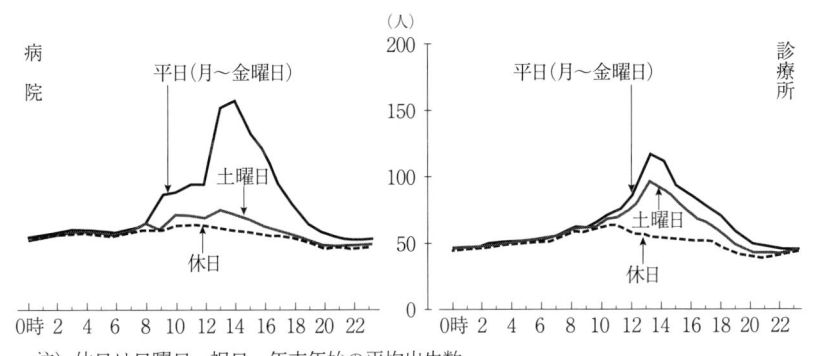

注) 休日は日曜日，祝日，年末年始の平均出生数．
出典）井上輝子・江原由美子編『女性のデータブック』有斐閣，第 4 版，2005 年，p. 33.

図 7-3 曜日別・時間別平均出生数(2000 年)

3. 生殖革命？

近年もっとも大きな変化は，「新しい生殖技術」と呼ばれる「体外受精・胚移植」技術の開発と普及である．1978 年，世界で初めての体外受精児が産まれた当初，この技術は両側卵管閉塞という不妊原因を持つ女性のための不妊治療[3]として開発された．しかし，この技術が応用できる領域は非常に多く，すぐにこの適用範囲を超えて利用され，現在では不妊の原因が分からない場合を含めて一般的不妊治療技術として利用されている．現在日本において年間 1 万人以上が「体外受精・胚移植」技術によって産まれているという．

---

3) 「不妊」とは，子どもが欲しいのに妊娠できない夫婦(カップル)の状態をいう．したがって「不妊」を「病気」として把握してよいのかどうかには，曖昧さがある．「妊娠しない」「妊娠できない」状態においては同じであっても，子どもが欲しくない場合には，「不妊」は問題視されないからである．医学的には，年齢的に妊娠可能な男女が避妊せずに普通に性行為を行っていても 2 年以上妊娠しない状態を「不妊」という．およそ 10 組に 1 組くらいの頻度で生じるといわれる．医学的に不妊の原因が分かる場合には，その原因は男女半々くらいであるとされるが，原因が分からない場合も多い．「不妊」に対する治療としては，「自然な妊娠」が生じない原因が分かり治療法がある場合には，その治療を行うのが原則である．けれども，そうした治療では「自然な妊娠」ができない場合のために，人為的に妊娠を生じさせる「人工授精」「体外受精」などの方法が開発されている．

「体外受精・胚移植」技術とは？

「体外受精・胚移植」技術がこれまでの生殖医療技術と異なる点は，従来体外には存在しなかった人間の卵子を，女性の体内から取り出す点にある．女性の身体から取り出した卵子と男性の精子を，体外で人為的に受精させ，女性の子宮にもどし着床させることで妊娠・出産をもたらそうとするこの技術は，以下の三点において，従来なしえなかった生殖に対する人為的関与を可能にした．

第一に，この技術においては，採卵する女性とは別の女性に，受精卵を移植することができる．卵子がない女性が他の女性から卵子をもらい夫の精子と受精させた受精卵の移植を受ける場合(卵子提供による体外受精)，逆に自分の卵子と夫の精子で受精させた受精卵を別の女性の子宮に移植する場合(代理出産・借り腹)など，技術的には多様な形が考えられる．

第二に，この技術と凍結技術を結びつけると，採卵から移植までの時間をコントロールできる．精子・卵子・受精卵のいずれも，凍結保存することができる．現在実際には，不妊治療において今回使用しなかった精子・卵子・受精卵を，失敗した場合に備えて凍結保存したり，癌などの治療のため生殖能力に影響を受けそうな場合に，精子や卵子を凍結保存して将来子どもを持つときに備えたりすることなどに利用されているが，技術的には，死亡した男性の精子と死亡した女性の卵子を受精させて，子どもを作ることも可能である．

第三に，この技術と遺伝子診断技術や遺伝子組み換え技術などを組み合わせて，精子や卵子などの配偶子や受精卵を選択・選別することができる．受精卵は分裂しはじめの段階では，細胞分裂した細胞を取り出しても，その後の発生に影響を与えないようにすることができる．取り出した細胞の遺伝子から性別や障害の有無その他を調べて，受精卵を選別して望ましい受精卵だけを移植することは，技術的には可能である．また遺伝子組み換え技術を用いて，受精卵の遺伝子の一部を組み換えることも将来的には可能になるだろう．

このように，「体外受精・胚移植」技術は，不妊治療という本来の利用領域

を超えて利用しうる可能性を持っている．若い時に卵子をとって保存しておいて，仕事に打ち込み，退職後に卵子を利用して出産し子育てに専念するなどのライフスタイルの選択や，デザイナーズ・ベイビーと呼ばれるような「親が持ちたいと思う子を遺伝子を選択して作る」子どもの選択などにも，利用できる可能性を持っているのである．このようなことが行われるならば，人類はこれまでの親子・夫婦などの家族関係からは考えられない全く新しい家族概念を持つことになるだろう．ここから，「体外受精・胚移植」技術以降の生殖技術を「新しい生殖技術」と呼び，それによって生み出された変化を，「生殖革命」と呼ぶ用例も見受けられるようになった．

社会問題としての「新しい生殖技術」

しかし世の中には，技術的に可能でもやってはいけないと規定されていることが山ほどある．だとすれば，何が良くて何がいけないのか，またそれはなぜなのかを考えなくてはならない．そうした議論なしに，技術がなし崩し的に普及していけば，様々な問題が生まれてくる．例えば代理出産[4]を認めてもよいのだろうか．出産というあまりにも負担やリスクが大きいことを，他の女性に依頼するということは，倫理的に許されるのだろうか．あるいはもしその女性が子どもを引き渡したくないと言ったら，どうなるのだろうか．こうした問題に対して技術それ自体は，何も答えてくれない．それはあくまで，社会が自らの規範として，確定していくべきことなのだ．従来日本では，こうした問題に対して，日本産科婦人科学会などの学会が定める自主的な規則以外には定めがなかったが，欧米の先進国では1990年代に法律を整備している．

生殖技術とジェンダー

体外受精などの生殖技術を「女性に福音，産めない女性のための新技術」な

---

4) 第三者の女性の子宮に依頼者夫婦(の配偶子の受精によってつくられた)の受精卵を移植し，妊娠・出産してもらうことを代理出産という．2001年には日本国内でも代理出産が行われたことが公表された．

どと表現する例がいまだに存在する．こうした表現には，以下の二点において注意が必要である．第一に，不妊は男性が原因である場合もあるのに，この「産めない女性」という表現はあたかも，子どもができない原因が女性にあるかのように定義してしまっている．実際には体外受精技術を利用するカップルには，かなりの割合，男性性不妊の方々が含まれている．第二に，「体外受精」という技術は，原因が女性にあるか男性にあるかに関わりなく，多くの場合，女性により重い身体的負担がかかる治療であること，またその成功率は必ずしも高くなく，身体面だけでなく心理的にも時間的にも女性に非常に負担がかかるという現実[5]がある．こうした治療を受けることが「福音」と思えるかどうかということは，個人の価値観によって大きく違うはずである．にもかかわらずこの表現例では「女性に福音」という表現を用いることで，こうした技術の開発や普及が「女性にとって望ましい」という評価を予め与えてしまっている．実際，生殖技術が次々に開発されるようになって，「女性は昔よりも生殖に拘束されるようになった」とか，「子どもがなかなかできない女性の立場はかえってつらくなった」などの，否定的評価すらあるのだ．なまじ技術があるがゆえに，人生のもっとも充実した年齢の時代，長期にわたって検査や治療を強いられて苦しむ女性もいるのである．

「妊娠・出産」は確かに女性の身体において生じることではあっても，男性なしには生じない．したがって当然，妊娠に関わること（避妊や不妊を含めて）は両性の問題である．けれども，不妊の原因が女性のみにあるかのように考えるなど，「子産み」に関わる事柄を女性のみの責任に帰すような社会通念が，根強く存在する．こうした社会通念こそが「産めない女性はかわいそう」という視線を生み出していること，現代社会における生殖医療は，そうした視線によって生まれる医療への社会的期待や資源配分にも基づいていることを，忘れるべきではないだろう．

---

5) 不妊治療と仕事の両立が時間的に困難なため，仕事を辞めたり再就職をあきらめたりしている女性は，非常に多い．

参考文献

井上輝子他編『日本のフェミニズム 5 母性』岩波書店，1995 年
舩橋惠子・堤マサエ『母性の社会学』サイエンス社，1992 年
吉村典子『お産と出会う』勁草書房，1985 年
マルコム・ポッツ他，池上千寿子・根岸悦子訳『文化としての妊娠中絶』勁草書房，
　　1985 年
レナーテ・クライン編，フィンレージの会訳『不妊』晶文社，1991 年
金城清子『生殖革命と人権』中央公論社，1996 年
江原由美子編『フェミニズムの主張 3 生殖技術とジェンダー』勁草書房，1996 年
田間泰子『母性愛という制度』勁草書房，2001 年
井上輝子・江原由美子編『女性のデータブック』有斐閣，第 2 版，1995 年，第 4 版，
　　2005 年

8 男の子育て・女の子育て

江原由美子

「子育ては母親の役割」という意識はいまだに根強いが，こうした意識はいつ頃からどうして生まれてきたのだろうか．またこのような意識は，男性や女性の子育てに関わる行動にどのような影響を与えているのだろうか．男性が子育てに参加していくことは，子どもや女性あるいは男性自身に，どのような変化をもたらすのだろうか．本章では，こうした「子産み・子育て」に関わるジェンダーを考えてみよう．

1. 現代の子育て環境

妊娠・出産だけでなく子育てのあり方も，社会や時代によって，非常に大きな違いがある．現代の子育てを特徴づけているのは，「密室育児」ともいわれるように，閉鎖的な室内空間において，母親一人が育児に孤軍奮闘している姿であるが，このような子育てのあり方が普通のことになったのは，ごく最近のことである．

西欧社会において，母親が子どもの養育に専念することが一般化したのは，18世紀後半以降である．日本社会でも，戦前の女性の労働力率は非常に高く，多くの母親は農業などの生産労働の傍らで，子守りや年上の子や家族などの手助けを受けながら育児をするのが普通であった．成人女性の主要な仕事が，「母親役割」すなわち「子育て」に求められるようになったのは，高度経済成長期以降のことだといってよい．

こうした変化の背景には，家族や生活や地域環境の激変があった．まず，世帯人員数の変化．1世帯当たりの平均人数は2006年現在約2.65人であるが，1955年までは5人前後であった．世帯人員数の減少は，子育て期の母親に

「交代要員の不在」という形で，のしかかってきた．第二次・第三次産業従事者比率の増大によって，雇用者比率が高くなり，職住分離が一般化した．夫婦と子どもだけの暮らしで夫が長時間家を離れていることが普通となった．それに加えて住宅構造や周囲の環境も激変した．高度経済成長以前の住環境は，住宅設備という点では貧弱なものであったが，外部空間に開かれたのびやかな育児しやすい空間でもあった．自動車の保有台数も現在とは比較にならないほど少なく，子どもを近所に遊びに行かせてもあまり心配しないですむ環境があった．母親たちは暮らしをたてるのに忙しく，家事労働も重かったが，育児だけに専念できない状況は，「密室に閉じ込められている」という息苦しさを感じさせない条件にもなっていた．子どもたちは，家事に忙しい母親にかまってもらえないぶん，近所の空き地などで子どもたちだけの社会を形成していた．高度経済成長はこうした遊び場空間を激減させ，子どもを外に一人で遊びに出せない環境を作り出した．これらの全てのことが関わって，母親に周囲から切り離された「密室」に子どもと取り残されたように感じさせる，現代の「密室育児」が生まれてきたのである．

育児ノイローゼ

育児ノイローゼとは，育児不安ともいい，育児期に1日中24時間母親専業を余儀なくされた母親たちが被る束縛感，母親業に対する理解を得られないという孤独感や不満感，子どもの発達に対する不安感，責任を果たせないことから生じる重圧感・不全感などをいう．周囲からの援助や理解を得られずに，育児の責任を一手に負わされた専業母親に生じやすい(図8-1)．

育児ノイローゼという言葉が一般化したのは，1970年代のことである．この言葉が生まれる以前，育児がノイローゼの原因になるということは，当の母親以外の人々にはなかなか理解できないことだった．「昔から母親は子育てしてきたのに，どうして最近の母親はそれが我慢できないのか？」というわけだ．むろんその背景には，育児環境の激変があったのだが，育児をしたことがない男性や，もう育児期を卒業した女性たちには，そうしたことは分からなかった．

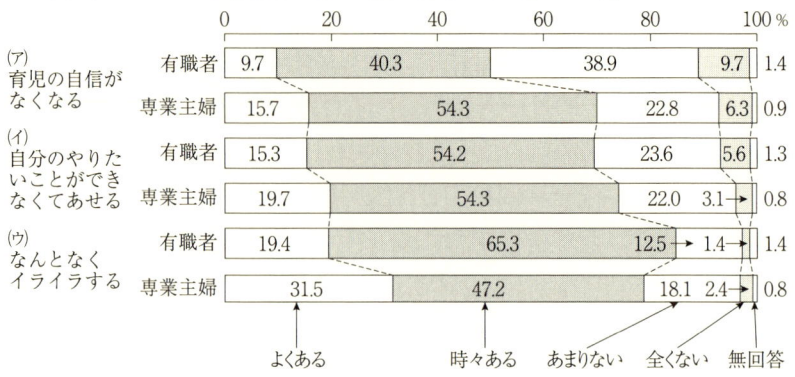

「お子さんを育てながら次のように感じることがありますか. 次の(ア)〜(ウ)の
それぞれについてお答えください. ((ア)〜(ウ)それぞれ○は一つ)」

		よくある	時々ある	あまりない	全くない	無回答
(ア) 育児の自信がなくなる	有職者	9.7	40.3	38.9	9.7	1.4
	専業主婦	15.7	54.3	22.8	6.3	0.9
(イ) 自分のやりたいことができなくてあせる	有職者	15.3	54.2	23.6	5.6	1.3
	専業主婦	19.7	54.3	22.0	3.1	0.8
(ウ) なんとなくイライラする	有職者	19.4	65.3	12.5	1.4	1.4
	専業主婦	31.5	47.2	18.1	2.4	0.8

注) 1. 回答者は第一子が小学校入学前の女性である.
  2. 有職者にはフルタイム, パートタイムが含まれる.
資料) 経済企画庁国民生活局「平成9年度 国民生活選好度調査」.
出典)『平成10年版 厚生白書』.

図8-1 専業主婦の母親に大きい育児不安

1960年代から1970年代にかけて, 育児の苦しさを訴える母親たちに, 「母性喪失」という言葉が, メディアを通じて浴びせかけられた. 母親たちが高学歴化して「母性を喪失」してしまったことが, 彼女たちの訴えの原因だと考えられたのだ. 育児ノイローゼとは誰にでも生じうる心理状態であることが社会的に認知されたのは, 母子心中事件が多発し, 女性運動などによって育児期の母親たちが自分たちの状況を自ら表現しはじめた, 1970年代以降のことであった.

子ども虐待

本来子どもを保護するべき親などの保護者が, 子どもに, 身体的暴行を加えたり, わいせつな行為を行ったり, 子どもの健康や安全が害されるほどにも保護を怠り放置したり, 心理的外傷を与えるような言動を行ったりすることを, 子ども虐待という. 児童虐待防止法(2000年成立)では, 18歳未満の者を児童と定義し, 保護者の児童虐待に対して, 通告義務や親権の一時停止処分, 一時保

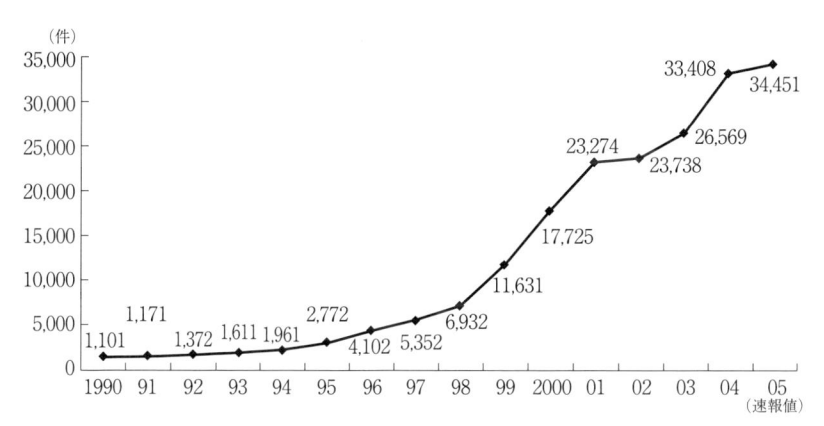

(件)
```
35,000                                           33,408
                                                      34,451
30,000
                                          26,569
25,000                        23,274
                                   23,738
20,000
                         17,725
15,000
                    11,631
10,000
      1,171           6,932
 5,000     1,372 1,611 1,961 2,772    
      1,101      4,102 5,352
     0
     1990 91 92 93 94 95 96 97 98 99 2000 01 02 03 04 05
                                                    (速報値)
```

注) 平成17(2005)年度の件数については速報値であり，今後数値が変動することもありうる．
出典) 厚生労働省雇用均等・児童家庭局「平成17年度 児童相談所における児童虐待相談件数(速報値)」．

図8-2 児童相談所における児童虐待相談件数推移

表8-1 虐待の内容別相談件数

	総数	身体的暴行	保護の怠慢ないし拒否	性的暴行	心理的虐待
1997年度	5,352 (100%)	2,780 (51.9%)	1,803 (33.7%)	311 (5.8%)	458 (8.6%)
1998年度	6,932 (100%)	3,673 (53.0%)	2,213 (31.9%)	396 (5.7%)	650 (9.4%)
1999年度	11,631 (100%)	5,973 (51.3%)	3,441 (29.6%)	590 (5.1%)	1,627 (14.0%)

出典) 高橋重宏編『子ども虐待』有斐閣, 2001年, p.83.

護などを定めている．警察庁の調べによると，2007年度に虐待により死亡した児童は37人であったという．また全国の児童相談所の虐待を主な内容とする相談件数も急増している(図8-2)[1]．

---

1) 相談件数の増大は，虐待件数の増大というよりもむしろ，虐待の認知件数の増大を示していると考えるべきだろう．1994年の国際家族年などをきっかけとして報道が増え，相談者が増大したとともに，児童相談所の統計のとり方において「虐待」というカテゴリーが認知されるようになり，「虐待」に分類される相談が増加したと考えられる．

表 8-2　主たる虐待者

	総　数	父		母		その他
		実　父	実父以外	実　母	実母以外	
1997年度	5,352 (100%)	1,445 (27.0%)	488 (9.1%)	2,943 (55.0%)	203 (3.8%)	273 (5.1%)
1998年度	6,932 (100%)	1,910 (27.6%)	570 (8.2%)	3,821 (55.1%)	195 (2.8%)	436 (6.3%)
1999年度	11,631 (100%)	2,908 (25.0%)	815 (7.0%)	6,750 (58.0%)	269 (2.3%)	889 (7.7%)

注）その他は，祖父母，兄弟姉妹，おじ・おばなど．
出典）高橋重宏編『子ども虐待』有斐閣，2001年，p. 83．

　児童相談所の相談件数の統計によれば，虐待の種類としては身体的暴行が半数を占め，主な虐待者は実母の割合が5割を超えている（表8-1，表8-2）．子ども虐待の原因には多様なものが考えられるが，その根底には「密室育児」として既述したような，現代社会の密室的な育児環境があると考えるべきだろう．

2. 育児参加とジェンダー

男女の育児時間

　育児は現実には誰によってどのように担われているのだろうか．図8-3は，5歳未満の子どもがいる世帯の父親の育児時間の各国比較を示している．それによれば，他の諸国の父親が家事・育児に合計2～3時間かけているのに比べて日本の父親は非常に少なく，父親の育児時間が圧倒的に短いことが分かる．父親の平日の育児時間は平均24分であり，ほとんど子どもと関わっていない日本の父親の姿が，浮き彫りにされている．図8-4は，夫婦間の育児分担における理想と現実を示している．それによれば，女性は3割弱が夫婦半々にやるのが理想と回答しているのに，実際に夫婦半々にやっていると回答している人は5.2%にすぎない．男性においても同様の回答になっている．ここから，育児は「主に母親」がやっているのが実態であるといってよいだろう．

	育児	家事	仕事

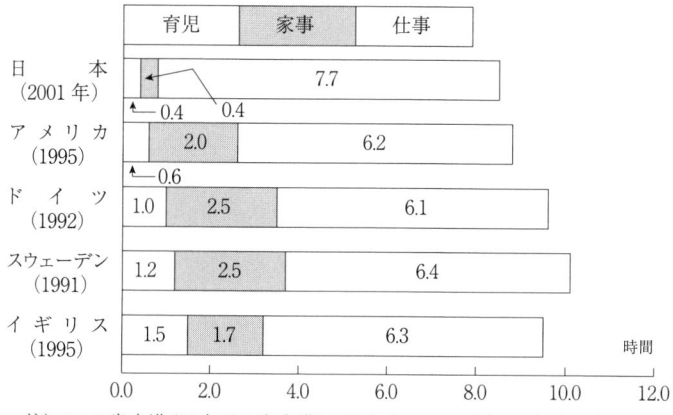

日　　本
（2001年）　　　0.4　0.4　7.7

アメリカ
（1995）　　　　2.0　　6.2

ドイツ
（1992）　　0.6　1.0　2.5　　6.1

スウェーデン
（1991）　　1.2　2.5　　6.4

イギリス
（1995）　　1.5　1.7　　6.3

時間
0.0　2.0　4.0　6.0　8.0　10.0　12.0

注) 1. 5歳未満（日本は6歳未満）の子どものいる夫婦の育児，家事および稼得労働時間．
　　2.「家事」時間は，日本以外は Employment Outlook における「その他の無償労働」，日本は『社会生活基本調査』における「家事」「介護・看護」「買い物」の合計値．
出典）井上輝子・江原由美子編『女性のデータブック』有斐閣，第4版，2005年, p.21.

図 8-3　育児期父親の育児・家事・仕事時間の各国比較

子育てに関わるジェンダー

　では，どうしてこのような子育てへの関わり方の相違が生まれてしまうのだろうか．7章でみたように，日本社会においては「子どものことは女性の責任」と考える社会通念が強い．「子育て」についても，「母性神話」，すなわち「母親には子どもを育てる本能が備わっているのだから，母親が子育てにあたるのが自然である」とする社会通念が根強く存在する．図 8-5 は，「子育てはやっぱり母親でなくてはと思う」かどうかを問うた調査の結果（東京都民，1996年）であるが，女性の6割弱，男性の7割が，「そう思う」「どちらかといえばそう思う」と肯定している．このような「子育て適性」を母親にのみ認める母性言説は，結果として「子育て責任」を母親のみに帰属させる機能，すなわち男性を「育児責任」から免責する機能をも果たしていることに注意が必要である．

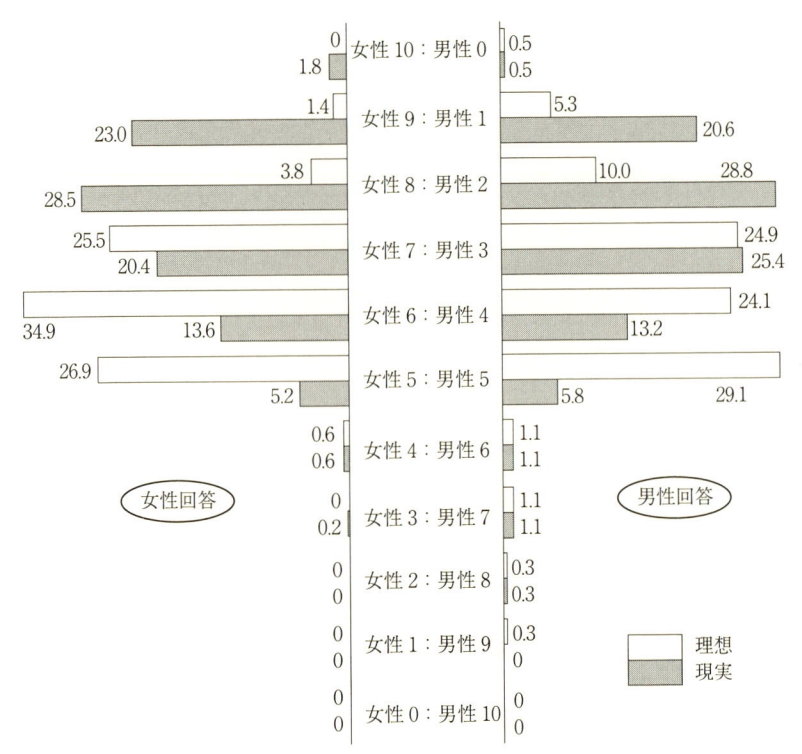

出典）井上輝子・江原由美子編『女性のデータブック』有斐閣，第4版，2005年，p. 21.

図8-4　夫婦間の育児分担：理想と現実(2001年)

「子育て」に関わるこうしたジェンダーとして特に重要なものに，先に挙げた「母性神話」のほかに，「三歳児神話」がある．「三歳児神話」とは，「子どもが三歳になるまでは，母親が専業で育児を担わないと，子どもの精神的発達や人格形成に悪影響を与える」という社会通念をいう．「三歳児神話」は，「母親が仕事を継続すると子どもに悪影響が出る」という，働く母親への脅しとして機能している社会通念であり，現代の母親たちの中にも「三歳までは自分で育てたい」という意識は非常に強い(図8-6)．

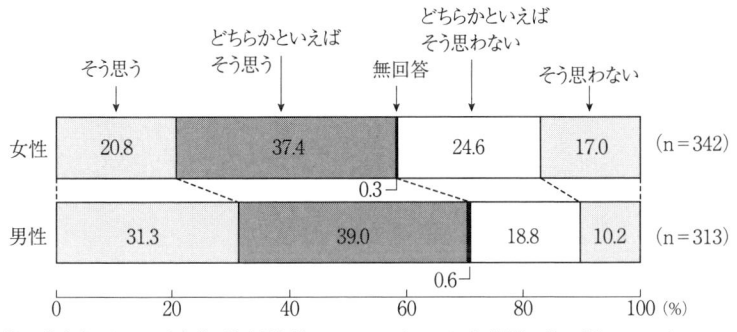

子育ては，やっぱり母親でなくては，と思うか（東京都民，20～60歳，1996年）

	そう思う	どちらかといえばそう思う	無回答	どちらかといえばそう思わない	そう思わない	
女性	20.8	37.4	0.3	24.6	17.0	(n=342)
男性	31.3	39.0	0.6	18.8	10.2	(n=313)

出典）井上輝子・江原由美子編『女性のデータブック』有斐閣，第3版，1999年，p. 23.

図8-5　子育てについて

A. 子どもが3歳くらいまでは母親が育てた方がいい		B. 必ずしも母親でなくても，愛情をもって育てればいい
74.3%	25.7%	

注）幼児，小学校1・2年生を持つ首都圏在住の母親（任意郵送法）．
出典）井上輝子・江原由美子編『女性のデータブック』有斐閣，第3版，1999年，p. 23.

図8-6　子育て生活の受け止め方

3. 働く男女の育児支援の現状と課題

育児に冷たい日本の企業社会

多くの国において，女性の高学歴化は，女性の職業への進出を導いたが，日本社会ではこうしたことは生じなかった．その理由の一つは，先に挙げた「三歳児神話」の結果，高学歴の女性の多くが，育児期には職業を辞め育児に専念することを選択してきたゆえである（むろん，多くの女性がそうした選択を行ったのは，女性労働者が能力を発揮できるような職業環境が形成されなかったことも一因である．男女の労働条件の格差については次章で扱う）．子育て期の女性労働者が職場を去る慣行が長く続いたことによって，幼児期の子どもを持つ男女労働者が，職業生活を継続しつつ育児にも十分な時間をあてることが

できるような職場環境の形成は,いまだに全く不十分なままにとどまっている.

育児休業

現行の育児休業法[2]は,1歳未満の子どもを持つ男女労働者に,育児休業を取得する権利を認めているが,実際に取得している労働者は,ほとんど女性である.男性が取得しない理由としては,育児休業時の所得保障が不十分であることも挙げられるが,もっとも大きな要因として,育児休業に対する職場の理解が不十分であることがあるだろう.職場の中には男女で仕事内容や労働条件を分け,「女性は交替可能な仕事をしているから育児休業をとってもよいが,男性は交替できない仕事をしているので育児休業を取得されると困る」などという理屈で男性の取得を拒むところもあるが,そもそもこうした職場のありよう自体,男女雇用機会均等法の精神に反していることに気づくべきだろう.職場の同僚や本人自身にも,「男性が育児休業など取る必要はない」などの,「男らしさ」に関わるジェンダーが強くある場合もある.しかし,現在のように育児休業を取得するのがほぼ女性だけということが持続すれば,雇用における性差別の存続・拡大を導きかねないだけでなく,男性の育児参加を抑制する可能性もある.パパクォータ制[3]の導入などが考えられてよい.

保育施設

少子化の結果,保育施設には余裕が生じてきているといわれるが,利用者のニーズとの間には,いまだに非常に大きなギャップがある.ゼロ歳児保育施設

---

2) 現行の育児休業法は,正式には「育児休業,介護休業等育児又は家族介護を行う労働者の福祉に関する法律」といい,1995年にそれまでの育児休業法(1991年成立)を大幅に改正して法制化され,1999年全面的に施行された.また2001年には,看護休暇,休業取得者の不利益取り扱い禁止などを盛り込む改正がなされた.その後も2004年に,取得期間の延長(子どもが1歳6カ月まで)や取得可能な労働者の拡大が図られるなど,制度の改正が行われている.

3) 男性にも育児休業を割り当てる制度.育児休業期間のうち一定期間を父親のみ取得できる期間と定めるなどして,男性の育児休業取得を促す効果がある.北欧諸国などで導入されている.

は，利用希望者に比較して大幅に足りない状況が続いている．育児休業明けの働く母親に対応できる保育施設も，募集時期の問題や，労働時間と保育時間のずれの問題，子どもが病気の場合の対応などにおいて，働く男女労働者のニーズに対応したものに十分なっているとはいえない現状がある．他方，自治体の財政難から，保育園を民営化する傾向が強化されてきており，保育労働者の労働条件や子どもの保育環境の悪化が懸念されている．

このように，働く男女への育児支援は少しずつ改善されてきているが，まだ圧倒的に不十分なままにとどまっている．日本では，高齢者福祉に比較して，子育てや子どもの福祉に当てられる予算は非常に少ない．少子化の背景には，こうした公的な予算配分の不均衡があることに注意するべきである．

これまで不均衡な予算配分が行われてきた一因には，「子育ては産んだ母親の責任」と規定するジェンダー意識があることにも，注意を払うべきであろう．子育てが「産んだ母親の責任」であるならば，それは「私的に解決されるべきこと」と定義されることになり，公的資金を支出するべきではないということになってしまうからである．その結果，育児休業や保育施設などの育児支援策は，あたかも「働く母親のため」の施策であるかのように定義されることになる．この時，「働く母親」と「専業主婦」の対立という構図を利用して，「産んでも責任を果たさないわがままな女」と，「産んだ責任をきちんと果たしている女」という像も生み出されがちである．このような問題の構築が，「わがままな一部の女性のためにお金を使うのは公平性を欠く」という論理を正当化し，社会的な育児支援策の充実を抑制してきたと考えられる．

さらに，「女性は子育てして当たり前，しないのは母親失格」「男性は子育てしなくて当たり前，するのは男らしくない」というジェンダーにおいては，子育てをすることに対するポジティブな定義がなくなってしまう．「子育ては産んだ母親の責任」というジェンダーを変えて，社会的な育児支援策を「働く母親」のための施策とみるのではなく，子どもを持つ男女全てと子ども自身のための施策とみるように定義を転換することは，「子育てすることをポジティブ

に捉える社会」「子育てに優しい社会の形成」にも結びつくのである．

参考文献

井上輝子他編『日本のフェミニズム 5 母性』岩波書店，1995 年
舩橋恵子・堤マサエ『母性の社会学』サイエンス社，1992 年
厚生省『平成 10 年版 厚生白書 少子社会を考える』ぎょうせい，1998 年
井上輝子・江原由美子編『女性のデータブック』有斐閣，第 3 版，1999 年，第 4 版，
　　2005 年
高橋重宏編『子ども虐待』有斐閣，2001 年

9 ゆらぐ日本型雇用

江原由美子・山田昌弘

　1960年代に形成された日本型雇用慣行は，男女の労働者に，雇用機会・賃金・昇進など様々な面で異なる処遇を行ってきた．この日本型雇用慣行が，男性一人の稼ぎで家族を養うという性役割分業社会を支えてきた．また，こうした雇用慣行の存在ゆえに女性は，なかなか働き続けられずに，結婚によって男性の被扶養者とならざるをえなかった．つまり性役割分業社会は，日本型雇用慣行と不可分の構造として，維持されてきたのである．しかし今，この日本型雇用慣行は大きくゆらいでいる．このゆらぎは，男女の働き方にどのような影響を与えるのだろうか．本章では，社会変動とジェンダーの関わりを，職場に焦点をあてつつ，考察していく．

1. 日本型雇用慣行の成立

　図9-1をみてみよう．日本の女性の労働力率は，男性との差異がかなり大きいのが特徴である．特に30〜34歳の女性の落ち込みが大きく，出産育児期に女性が労働市場からいったん撤退する率が高い．子育てが終わりに近づく30代後半から，女性の労働力率は再び高くなり，40代後半では約70%になるが，その後は再び低下していく．

　この図から分かるように，現代日本社会においては，女性は育児期によって，労働期間が二分されることが多い．若い未婚期には企業でOLをし，結婚・出産によって退職して育児に専念し，子育て終了後に再就職する．けれども，再就職後の職は未婚期に就いていた職とは大幅に異なってしまう場合が一般的である．パートタイム労働者は，2004年現在女性労働者の4割を占めており(総務省統計局「労働力調査」2006年)，その大半はいわゆる主婦層である．女性パー

出典）井上輝子・江原由美子編『女性の
データブック』有斐閣，第4版，2005
年，p. 81.

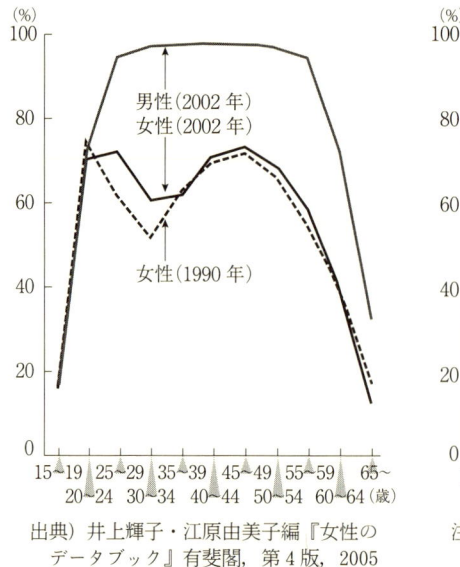

図 9-1 底上げする M 字型労働力率

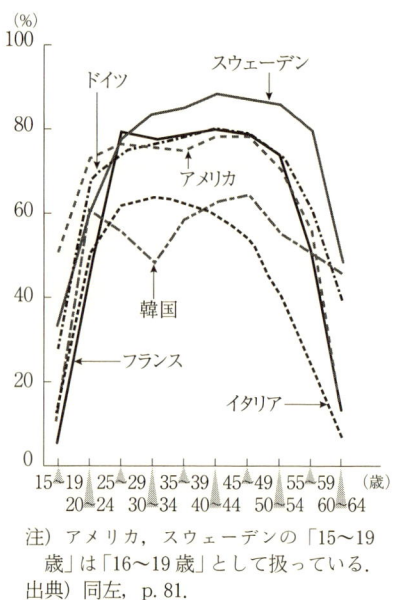

注）アメリカ，スウェーデンの「15〜19
歳」は「16〜19歳」として扱っている．
出典）同左，p. 81.

図 9-2 各国年齢階級別女性労働力率

表 9-1 女性一般労働者と女性パートタイム労働者の 1 時間当たり所定内給与額の推移

年	一般労働者	パートタイム労働者	格差（一般=100）	年	一般労働者	パートタイム労働者	格差（一般=100）
1989年	934 円	662 円	70.9	1996年	1255 円	870 円	69.3
1990年	989 円	712 円	72.0	1997年	1281 円	871 円	68.0
1991年	1072 円	770 円	71.8	1998年	1295 円	886 円	68.4
1992年	1127 円	809 円	71.8	1999年	1318 円	887 円	67.3
1993年	1187 円	832 円	70.1	2000年	1329 円	889 円	66.9
1994年	1201 円	848 円	70.6	2001年	1340 円	890 円	66.4
1995年	1213 円	854 円	70.4				

注）1. 一般労働者とパートタイム労働者では，勤続年数，職種などに違いがあるので，単純には比較できない．
　　2. 一般労働者の 1 時間当たり所定内給与は，それぞれ該当する一般労働者の所定内給与額を所定内実労働時間数で除したものである．
　　　パートタイム労働者の 1 時間当たり所定内給与額については，統計表上の数字を用いた．
資料）厚生労働省「賃金構造基本統計調査」．
出典）労務安全情報センター『図表で見るパートタイム労働の現状——2002(data)』を改変．

トタイム労働者の賃金は，時間単位で比較して，2001年時点で女性一般労働者の66.4%(表9-1)，男性一般労働者との比較では43.9%にすぎず，非常に低い．

このような，現代日本社会においても維持されている，「未婚期には正社員，結婚・出産を機に退職し，子どもの手が離れたらパート」という，女性特有の働き方が生まれてきたのは，戦後の高度経済成長期以降のことである．日本社会における女性の労働力率は，戦前はかなり高かった．それは，第一次産業従事者の比率が現在とは比較にならないほど高かったためである．農林漁業においては，生産単位が家族であることが多く，女性も不可欠な働き手であった．

高度経済成長は，日本社会の産業構造を大きく変革した．第二次産業・第三次産業従事者比率が飛躍的に増え，この変化によって家族単位で生産活動を営む自営業者比率が低下し，雇用労働者比率が増大した．この変化は同時に，現代社会に特徴的な性役割分業やジェンダーを生み出す過程でもあった．

戦後社会において企業は，当時大きな高まりを抱えていた労働運動に対処するため，また，不足しはじめた労働力を定着させるために，労働者の企業への忠誠心を高めるような雇用管理の仕方を模索していた．そこで形成されたのが，日本型雇用慣行といわれる「終身雇用制」「年功序列型賃金」「企業内組合」などの雇用慣行である．日本型雇用慣行とは，企業が簡単には労働者の首切りを行わないことを約束する一方で，同じ企業に長く勤めれば勤めるほど賃金が高くなるような賃金体系(逆にいえば転職が不利になるような賃金体系)や，企業の利益を考慮に入れないと成立しないような労働組合のあり方を通じて，労働者に企業への忠誠心を要求する雇用慣行である．この雇用慣行は，労働者家族にとって，生活の安定性を保障するものとして受け止められた．

けれどもこの日本型雇用慣行は，同時にジェンダー構造，すなわち性差別構造をも内包していた．「終身雇用制」を維持するために，労働者は，景気変動に対応した労働時間の増減や転勤を含む企業内での柔軟な配置転換を受容せざるをえない．すなわち，企業の都合にあわせた働き方をすることを拒みにくくなる．こうした働き方は，家族責任を担う労働者には困難である．いくら残業が必要だからといって，夕飯を待つ子どもを放置しておくことはできないし，

家族から離れて一人転勤することも困難だからである．当時の企業経営者のジェンダーにおいては，家族責任が女性のみにあるのは自明のことであった．ここに，日本型雇用慣行の「恩恵」に浴する労働者は，妻が家族責任を一手に引き受けてくれる男子労働者のみとし，女性は「長期雇用」せずに短期に回転させるという労働慣行が成立した．一部の企業は，女子の若年退職制度（女子のみ25～30歳を定年とする制度）や結婚退職制度や男女二本立ての賃金体系をつくり，女子の短期雇用を制度化していった．こうした雇用慣行がさほど大きな抵抗もなく労働者にも受け入れられていった背景には，妻が，「奥さん」として，家事・育児のみに従事することを理想とする当時のジェンダー観があったことは，明確である．戦後の女性解放政策には，性役割分業そのものの変革を求めるような施策は，存在しなかったのである．

やがて企業は，労働力不足に対処するために，余剰労働力としての「主婦」に目をつけはじめる．「主婦」は，男子労働者のような長時間労働は無理でも，従順で低賃金にも甘んじる良好な労働力ではないかと考えられたのである．実際に雇ってみると，低賃金にもかかわらず労働力として非常に質が高かったために，既婚女性を主要な層としたパートタイム労働者は，またたく間に多くの企業に採用されることになった．現代にまで影響を与えている日本社会に根強い「女性の働き方」は，このようにして形成されたのだ．

2. 日本型企業社会における女性労働者

ではこうして形成された雇用慣行のもとで，女性はどのように働いてきたのだろうか？　図9-3は，男女間賃金格差の国際比較を表している．この図から分かるように，日本の男女間賃金格差は，先進国の中では格段に大きく，しかも改善の方向があまり顕著ではない．こうした賃金格差の要因がどこにあるのかを分析したのが，図9-4である．この分析によれば，労働時間や企業規模などの要因は小さく，職階や勤続年数などの要因が大きい．

先に述べたように，日本型雇用慣行は，男子のみの長期雇用というジェンダ

スウェーデン	91.2
オーストラリア	88.5
ノルウェー	86.9
ドイツ	85.5
ニュージーランド	83.3
デンマーク	82.2
イギリス	80.9
フランス	79.8
フィンランド	79.5
オランダ	77.4
アメリカ	76.5
ポルトガル	72.8
日本	66.0

注) 1. 男性賃金を100とした場合の女性賃金の値.
2. 賃金は常用一般労働者の決まって支給される現金給与額および賞与額(時間または月当たり比較).
3. 日本は2000年,ノルウェー,ニュージーランド,イギリス,アメリカは1999年,その他は1998年の値.
4. 労働者の範囲は,必ずしも統一されていない.

出典) 井上輝子・江原由美子編『女性のデータブック』有斐閣,第4版,2005年,p. 89.

図9-3　男女間賃金格差の国際比較(1998〜2000年)

一構造を内包していた.年功序列制度のもとでは,昇進も年功を前提とする.女性労働者は短期雇用と位置づけられたので,企業は,女性労働者に昇進の道を開くことすら少なかった.職業別女性雇用者の中で管理的職業に就く女性の比率は,日本は先進国の中で格段に低い.むろんこのような体制に抗して働き続ける女性もたくさんいた.こうした女性たちの中には,年齢が高くなってから,昇進・昇格した人もある程度いる.けれども,そうした女性たちはあくまで「例外」扱いであり,大量に採用される新入社員の女性たちの大半は,「短期で辞めてくれる」ことを期待されていたのである.

男女雇用機会均等法の制定と,「一般職/総合職」制度の導入

　1960年代から1970年代にかけて,女子の若年退職制度や男女別立て賃金体

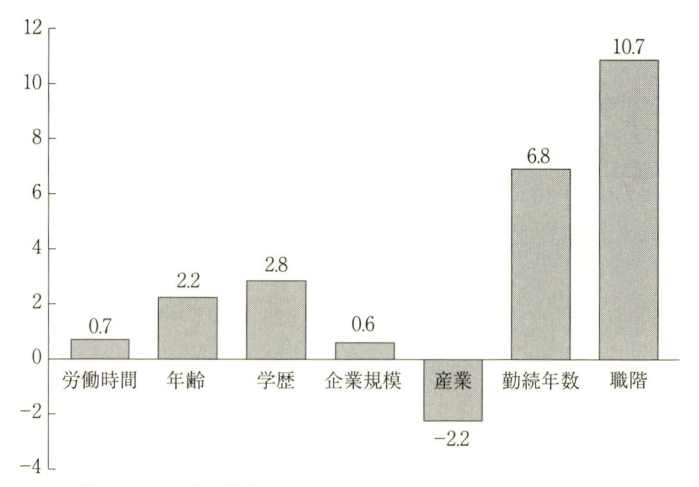

注) 1. 労働省「賃金構造基本統計調査」(平成7年)の結果を用いて総理府が算出.
   2. 労働時間は,時間当たり賃金により格差を再計算した.その他の項目は,それぞれの項目について,女性の労働者構成が男性と同じであると仮定して算出した女性の平均所定内給与額を用いて男性との比較を行った場合,格差がどの程度縮小するかをみたもの.

   なお,原則として規模10人以上の民間企業の全労働者(パートタイム労働者は含まれていない)について計算したが,産業による調整は,電気・ガス・熱供給・水道業および運輸・通信業を含んでおらず,また,職階による調整は,規模100人以上の企業の部長,課長,係長,非職階のいずれかに属する労働者(規模100人以上の企業の全労働者の約90%)について計算した.このため,産業および職階による調査結果は,他の要因による調整結果と比較する際に注意する必要がある.

調整した事項	男女間格差(原数値)	男女間格差(調整済み)	男女間格差の縮小の程度
労働時間	62.5	63.2	0.7
年齢	62.5	64.7	2.2
学歴	62.5	65.3	2.8
企業規模	62.5	63.1	0.6
産業	61.8	59.6	−2.2
勤続年数	62.5	69.3	6.8
職階	63.7	74.4	10.7

出典) 総理府『男女共同参画の現状と施策』1997年.

図9-4 男女の賃金格差の要因

系を無効とする判決が相次いだ．また，先進各国で台頭した女性運動や，職場における性差別を否定する国際世論の影響を受けて，日本においても，職場での男女平等の確立を模索する動きが生まれた．こうした様々な力が結晶して成立したのが，1985年の男女雇用機会均等法である．

この男女雇用機会均等法の成立を契機にして，いわゆる「コース別人事制度」を導入する企業が相次いだ．男女別で「働き方」を分けると男女雇用機会均等法違反になるのなら，コースで分ければいいではないかというわけだ．ここに，賃金が高く基幹的業務に就き昇進・昇格が期待できるけれども全国配転を条件とする「総合職」と，賃金が低く補助的職務であるが全国配転はない「一般職」（コースの呼び名やコースの条件は企業によってかなり異なり，ここに挙げたのは一つの例にすぎない）を分ける制度が確立された．このコース別人事制度は，能力と意欲がある女性に，男性と同じような昇進・昇格の機会を開くものとして，大きく喧伝された．

けれども，「総合職」として採用される女性の数が男性に比較して圧倒的に少なかったり，「一般職」を志望する男性や「総合職」を志望する女性に内々に圧力をかけて志望を変更させたり，「総合職」として採用しながら女性には研修や仕事内容に男性と差をつけ「一般職」とあまり変わらない仕事をさせて「一般職」女性との間に軋轢を生じさせたりするなど，運用面において様々な問題が生じたことが指摘されている．しかも，男性の長時間労働という根本的問題の改善なしに導入されたので，「総合職」に採用された女性にも男性と同様の，家族責任との両立が困難な働き方を要求する結果となり，退職する女性が続出することになった．他方，「女性の戦力化」という掛け声のもとで，賃金・昇進・昇格などにおける改善なしに「一般職」の女性にも過大な残業や責任が求められる結果となり，「コース別人事制度」は雇用面での性差別を是正する制度なのではなく，むしろ強化しているのではないかという批判が強い．

（江原由美子）

3. 新しい経済の進展とジェンダー関係の変容

1, 2節では，戦後，日本型雇用が確立され，それがジェンダー的に編成されていること，および近年そうした雇用がゆらいでいる状況をみてきた．3, 4節では，近年の経済状況の変化に注目し，来るべき経済システムにより従来のジェンダー化された雇用がどのように変化しているのかを考察する．

ニュー・エコノミーの進展

1980年頃から，先進国では，経済発展が新しい段階を迎えたとする議論が盛んになっている．そこでは，「市場原理主義の浸透」「グローバル化」「知識産業化」「情報テクノロジーの発達」などによって特徴づけられる新しい経済状況が出現している．その名称も，「後期資本主義」(ハーバーマス)，「脱工業化社会」(ダニエル・ベル) など先駆的に名づけられていたが，ここでは，アメリカの労働経済学者ロバート・ライシュ(クリントン政権の労働長官) に従って，「ニュー・エコノミー」と呼んでおく．

ニュー・エコノミーの特徴として，三点挙げておこう．

一つは，豊かな社会になり，消費社会が成熟し，その結果，人々の欲求構造が変化したことである．人々は，大量生産された画一的な商品では満足しなくなり，より快適で，より刺激があり，個性に応じた商品やサービスを求めるようになる．そのプラス・アルファの部分を提供できる「能力がある」人への需要が高まる一方で，従来どおりのモノやサービスに対する価格下落圧力が高まる．

二番目に，労働者の二極化がある．生産力や生産効率を上げるためのテクノロジーの発達により，オートメーション化やIT化が進む．すると，機械やコンピュータではできない仕事への需要が高まる．その一つは，知的で創造的であるがゆえに機械ができない設計，プログラム，企画開発などの仕事であり，先に述べたプラス・アルファの部分を提供する仕事である．それに従事する人

は，市場において有利で，高収入で企業に求められる立場に立てる．一方で，あまりにも単純なゆえに，機械やコンピュータではできない定型的労働が大量に発生する．製造業においては，検品，機械のメンテナンス，組み立て，運搬，清掃などの仕事，IT産業においてはデータ入力，販売業においては，コンビニやファストフード店，スーパーの接客，レジ打ち，配膳など，宣伝においてはティッシュ配りなどである．これらの仕事は，マニュアルどおりに行うことが要請され，短時間で習熟し，長期的技能の蓄積が必要ない．生産性が低く，その仕事に従事していても生産性の伸びが期待できない仕事である．こうした仕事は昔からあったが，それが飛躍的にあらゆる領域に拡大する．これらの仕事を担う人を「単純定型労働者」と呼んでおく．現在その需要が増えている介護や保育などの対人サービス業従事者の相当の部分もこれに含まれる．

　三番目には，政治的・国際的要因により雇用が不安定になることが挙げられる．グローバル化の圧力によって，企業間の競争が激化し，転職が容易になるなど労働形態の流動化も進む．その結果，企業は，「高度の仕事能力」を持った人を引き留めるために，好待遇で報いる必要が出てくる．一方で，企業（公務員でも同じ）は，コスト削減を図るために，単純定型労働者のコストを下げようとする．そして，1980年代から労働の規制緩和や経済の自由化を伴う経済改革が多くの先進国で行われ，その結果，単純定型労働者の賃金は低下し，雇用は不安定になる．

ニュー・エコノミーによる様々なジェンダーレス化

　この三つの特徴を持つ新しい経済は，従来の雇用システムに変化を与えざるをえない．従来の雇用システムとは，男性は長期的に正社員として企業に勤め，終身雇用が保障され，年功序列型賃金を貰う一方，女性は，結婚や出産までの腰掛けか，結婚後にパート社員などの単純定型労働者として雇用される形態である．このジェンダー化された雇用システムは，本章前半でみてきたとおり，日本型雇用として典型的に現れるが，世界的にみても，工業が中心だった先進国に典型的にみられたパターンである．

しかし，ニュー・エコノミーの進展は，このジェンダー化された雇用を崩す方向に働く．よい意味にしろ，悪い意味にしろ，経済法則が貫徹すれば，仕事における男女の格差の縮小は不可避である．女性は，二つの意味で，労働市場に必要な存在になっていく．一つは，能力のある女性に最大限の能力を発揮してもらうために，もう一つは増大する単純定型労働者の需要を賄うために．一方，ニュー・エコノミーの進展によって，男性にも大きな変化が生じる．それは，従来女性に典型的だった低賃金で不安定な周辺的雇用が，男性にも拡大していくことである．ここにも，ニュー・エコノミーによる雇用のジェンダーレス化の影響がみられるのである．

本節では，まず，女性の能力発揮が容易になったという変化を考察し，次節で不安定雇用が男性にも広がっていくことを論じる．

能力主義の貫徹がジェンダーに与える影響

ニュー・エコノミーの進展により，①雇用における能力主義が貫徹し，②仕事能力の質的変化がもたらされる．いずれも，今まで能力の発揮が妨げられていた女性を企業が活用せざるをえない状況を作り出す．ライシュがいうように，企業は「女性を差別する余裕がなくなる」のである．

まず，雇用における能力主義の貫徹をみてみよう．競争が激化し，雇用の流動化が進めば，企業は必然的に能力のある人材を確保し，能力に応じた賃金を支払う必要に迫られる．これが，長期的雇用を前提とした男性優遇のシステムを崩す．

仕事における能力主義への移行は，必然的に男女の格差を縮小させる．今まで長期的雇用から排除されていた女性が，仕事に就きやすくなるのである．仕事能力のみが評価されるとなると，いったん結婚や育児等で退職した女性であっても，能力さえあれば，あるいは仕事を十分に行っていれば，短時間勤務であろうと，評価が下がることはない．また，転職が一般的になれば，長期的に勤務可能だという理由で男性を優遇する必然性はなくなる．

従来のように，長期的雇用を前提とし，男性を優遇し，年功序列賃金を支払

表 9-2 女性社員の基幹化と経営パフォーマンスとの関係

		総数	競争相手に対しての業績の状況						得点化1)	成長性指数 5年前と比較した売上指数2)	収益性指数 5年前と比較した営業利益指数3)
			良い	やや良い	ほぼ同じレベル	やや悪い	悪い	不明			
合計		455	7.7	17.8	34.3	23.1	13.4	3.7	2.83	108.4	154.5
量的基幹化の程度	女性比率 10%未満	101	4.0	15.8	36.6	19.8	21.8	2.0	2.60	90.9	92.6
	10%以上20%未満	169	5.9	14.8	33.1	27.8	15.4	3.0	2.67	101.4	197.3
	20%以上30%未満	95	12.6	18.9	0.0	18.9	8.4	4.2	3.09	125.6	151.5
	30%以上	85	10.6	24.7	31.8	21.2	4.7	7.1	3.16	127.9	152.6
	女性が占める比率「課長」0%	218	5.0	17.4	33.5	24.8	16.4	3.2	2.70	100.8	164.8
	0%超1%未満	75	5.3	17.3	45.3	20.0	9.3	2.7	2.89	97.4	110.9
	1%以上3%未満	65	9.2	15.4	35.4	23.1	13.8	3.1	2.83	117.7	163.5
	3%以上	78	16.7	21.8	24.4	21.8	9.0	6.4	3.16	135.3	165.6
質的基幹化の程度	女性管理職の比率の増減 大幅に増えた	28	25.0	14.3	39.3	7.1	7.1	7.1	3.46	173.7	289.8
	やや増えた	133	12.4	15.5	31.8	25.6	10.1	4.5	2.94	110.9	144.1
	現状維持	240	3.8	18.7	35.7	22.1	16.2	3.5	2.71	102.6	161.7
	やや減った	22	—	20.0	40.0	25.0	15.0	—	2.64	93.1	66.5
	減った	6	—	16.7	—	50.0	33.3	—	2.00	83.5	67.3

注1) 得点化＝良い×5＋やや良い×4＋ほぼ同じレベル×3＋やや悪い×2＋悪い×1 を (総数－不明) で除した値.
注2) 5年前の売上高を100 とした場合の売上高.
注3) 5年前の営業利益を100 とした場合の営業利益.
出典 (財)21世紀職業財団「企業の女性活用と経営業績との関係に関する調査」2001年.

うシステムを続けると，能力のある若い人材(男女とも)には逃げられ，能力はないが賃金が高い人(男性)に居座られ，結果的に経営を圧迫することになる．

もちろん，能力主義の貫徹が短期間のうちに進行するわけではない．欧米では，比較的早くこの状況が認識され，能力のある女性が企業で活躍する機会が多くなっている(表9-2)．日本では，従来型の雇用慣行が揺らいでいるとはいえ，能力主義への移行が遅く，その結果，女性の管理職の割合は，世界的にみても低い．しかし，日本企業でも，女性を差別する余裕がなくなっている状況は到来している．

1998年の経済企画庁(当時)による企業統計の再集計(『国民生活白書 平成9年版』)や経済産業省の調査，また社会労働再生産本部の調査など，様々な機関が，女性を活用している企業ほど利益が伸び成長していることを示すデータを明らかにしている．

このような事実が明らかになれば，女性という理由で能力を発揮する機会が妨げられることは，徐々になくなってくるのは確かであろう．

仕事能力の内容変化がジェンダーにもたらす影響

従来の日本型企業社会では，系列や親会社／子会社の関係が重要であった．それゆえ，その関係を保つために，ゴルフや宴会などの接待が使われた．また，社内でのコミュニケーションをはかるために，夜の飲み会などが重要な情報収集の場であった．このような場から女性が排除されやすかったのは，いうまでもない．

しかし，ニュー・エコノミーは，この状況を大きく変える力を持っている．企業は，系列にこだわらず，よりコストが低い商品を調達しようとする．情報の共有や収集には，メールなどインターネットが使われる．ネットの向こうの性別は分からない．ドライに取引が決まるがゆえに，女性が男性と同じように活躍する場が増える．

ライシュは，ニュー・エコノミーに必要な新しい仕事能力として，二つの資質を挙げた．一つは，専門的探求心というべきもので，今ある技術なりモノな

り制度なりが持つ可能性を考察し，新しいモノやサービスを作り出す能力である．もう一つは，精神分析家的能力というべきもので，人がどのような商品やサービスを望んでいるかをキャッチする能力である．ライシュは，前者を「変人」(geeks)能力，後者を「精神分析家」(shrinks)能力と呼んでいる．

　ライシュは，先天的な差でないと断りつつも，「変人」能力は男性が，「精神分析家」能力は女性が育んできたものであるという．他人の欲求を見抜き，サポートするという従来の女性的特質が，ビジネスの分野でも役に立つ時代がきたのである．「携帯電話を使ったインターネットでの情報提供システム」「持ち歩きしながら，電子的ペットを成長させるゲーム」「脂肪減少効果があるペットボトル飲料」など，日本でも，女性が開発を推進した商品のヒット例が多い．

　そうなれば，男性も，従来女性的とされた能力を身につけた方が有利になり，ジェンダーレス化が進展する一つのきっかけにもなる．

4. フリーターの発生とジェンダー

ニュー・エコノミーの裏で進行する二極化

　もちろん，ニュー・エコノミーは，プラスの面ばかりではない．創造的・専門的能力を持った人は，企業から優遇される一方で，代わりがきく人は，企業に使い捨てにされるリスクといつも隣り合わせなのである．

　今までは，男性で企業に勤めて真面目でありさえすれば，日本型雇用慣行のおかげで，失業や収入低下の心配なく働き続けることができた．しかし，ニュー・エコノミーは，企業による従業員の選別を加速する．家族を扶養していることが，企業が雇い続けたり高賃金を払ったりする理由とはならなくなる．

　先に述べたように，ニュー・エコノミーの中核である情報産業やサービス業は，労働者を二極化させる性質がある．専門的な仕事に就く人々の需要は増すが，全ての人が専門職になれるわけではないことは当然で，対極に単純定型労働者を大量に生み出す．

　IT化によって，情報量は増え，一般企業でさえも，調査データを分析・解

析し，経営戦略を立てる必要に迫られている．しかし，データ処理会社で働く人の中で，システムエンジニアや研究員として専門的に働く人は少数派である．そこで働いている大多数の人は，派遣労働者やアルバイトの若い女性であり，アンケート用紙に書かれた数字をパソコンに一心不乱に打ち込んでいるキーパンチャーなのである．

また，サービス化の進展によって，ファストフード店やコンビニ，ファミリーレストランなどが大盛況だが，そこで働く人の大部分は，マニュアルどおりに働く低賃金のアルバイトである．出店計画を立てたり，アルバイトを効率よく働かせるマニュアルを作ったり，商品を開発したりするのは，ほんの一握りの中核的社員なのである．

そして，ニュー・エコノミーの最大の帰結は，マニュアルどおりに働けばいいだけの仕事に就く単純定型労働者は，そのまま仕事を続けていても，中核的労働者や専門家にはなれないという厳しい現実である．

不安定雇用の増大

企業が，中核的な労働者の数を絞り，マニュアルがあれば誰でもできる労働を，アルバイトや派遣社員に置き換える動きが加速した結果，日本で生まれたのが「フリーター」という存在である．

フリーターは，1990年頃に日本で作られた言葉であり，当時は，能力があるのに，あえて正社員であることを拒否する人々の呼称であった．しかし，ニュー・エコノミーの浸透により，正社員になりたくてもなれず，かといって自由業としても自立できないで，不安定な仕事(アルバイト)に就いている人々が増大している．

1997年の労働省(当時)の調査では，35歳未満の未婚者で臨時雇用に就いている者は，150万人と推計されていた．総務省統計局「労働力調査」(2007年結果速報)によると，2007年時点で，登録型派遣社員(派遣された期間だけ給与が支払われる派遣社員)等を含めると，いわゆる「フリーター」は348万人と倍以上になっている．

表9-3　フリーター調査

● 学歴別，年齢別，10年後の希望と，予定する職業形態　　　　　　　　　　　(%)

		将来の希望				将来の予定			
		正規	独立	フリーター	結婚	正規	独立	フリーター	結婚
男性	高卒	47.3	38.9	2.8	2.8	55.6	16.7	8.3	8.3
	大卒	47.0	52.9	—	—	58.9	35.3	—	—
女性	高卒	17.8	15.7	12.9	48.6	12.8	5.7	22.9	52.9
	短大卒	21.7	23.0	2.7	47.3	12.2	8.1	10.8	60.8
	大学卒	28.2	41.3	—	23.9	26.1	19.6	8.7	39.1
男性	独居	43.8	50.0	—	6.3	43.8	50.0	—	6.3
	親同居	56.5	34.8	2.2	—	63.0	13.0	6.5	4.3
女性	独居	20.0	40.0	8.9	26.7	17.8	24.4	13.3	37.8
	親同居	20.4	23.9	6.0	43.2	14.3	5.4	15.6	57.2

注) 中卒，および，男性の短大卒は数が少ないので表から省いた．

● 10年後の希望と予定　　　　　　　　　　　　　　　　　　　　　　　　(%)

	男性		女性	
	希望	予定	希望	予定
公務員・教員	14.1	6.3	5.0	2.5
大企業の正社員	7.8	3.1	4.5	0.5
中小企業の正社員	29.7	46.9	11.9	11.9
プロとして独立(自営業，自由業)	39.1	21.9	23.9	9.5
家業を継ぐ	—	—	—	0.5
このままアルバイトを続ける	1.6	6.3	6.0	14.9
配偶者に生活を支えてもらい自分のペースで仕事	1.6	4.7	30.3	36.8
仕事はしていない(専業主婦，学生など)	—	—	12.9	16.4
その他	4.7	7.8	1.5	2.5
不明	1.6	3.1	4.0	4.5

出典) 生命保険文化センター「ワークスタイルと生活設計調査」2000年．

フリーターのジェンダー差

　私は，このフリーターを「夢見る使い捨て労働者」と名づけた(山田，2001)．「夢」を見ながら，現実に行っている仕事は，企業にとって都合のいい使い捨て単純労働なのである．

　そして，フリーターが描く夢は，ささやかであり，かつジェンダー差が大きいことが調査で分かった．男性は，いずれは正社員になったり起業したりして，

妻子を養う収入を稼ぎたいという夢を持つ．一方，女性(特に高卒，短大卒の女性)フリーターは，いつかは正社員の男性と結婚できるという夢を抱く．つまり，従来の性役割分業が続くという前提の上での夢なのである(表9-3)．

(山田昌弘)

参考文献
藤井治枝『日本型企業社会と女性労働』ミネルヴァ書房，1995年
竹信三恵子『日本株式会社の女たち』朝日新聞社，1994年
大脇雅子他『働く女たちの裁判』学陽書房，1996年
小笠原祐子『OLたちの〈レジスタンス〉』中央公論社，1998年
井上輝子・江原由美子編『女性のデータブック』有斐閣，第4版，2005年
小杉礼子編著『自由の代償／フリーター』日本労働研究機構，2002年
総理府『男女共同参画の現状と施策』1997年
ロバート・B.ライシュ，清家篤訳『勝者の代償——ニューエコノミーの深淵と未来』東洋経済新報社，2002年
山田昌弘『家族というリスク』勁草書房，2001年

コラム 社会保障とジェンダー

高まる社会保障改革の必要性

　社会保障制度とは，生活上誰にでも起きうるリスクに対処するために国家が運営する制度のことをいう．病気のリスクに対する健康保険や，失業のリスクに対する雇用保険，高齢になって働けなくなった場合に対応する年金保険などに代表されている．

　現在日本では，年金を始めとして，社会保障の再編が政治的課題になっている．これは，少子高齢化の進展や，9章でみたように経済システムの変化によって，財政的に現在の社会保障制度が立ちゆかなくなっていることから生じた問題である．

　しかし，社会保障制度の再編が必要になっているのは，単に，財政的見地からだけではない．現在の社会保障制度(社会福祉を含む)は，ジェンダーによる性役割分業を前提とした仕組みになっている．その制度が，性役割分業の流動化が進む現状に合わなくなってきているという点からも，検討が必要なのである．

ジェンダーからみた現在の社会保障制度の問題点

現在の社会保障制度の問題点を，年金制度を中心に例を挙げてみてみよう．

まず，遺族厚生年金において，法律の条文上で男女の取り扱いが異なるものがある．遺族年金とは，年金被保険者が亡くなったときに，亡くなった人に扶養されていた人（遺族）が受け取ることができる年金のことをいう．その中で，亡くなった人が正社員など厚生年金加入者であった場合，その性別によって遺族年金の取り扱いが異なる．もし，亡くなった人が男性でその妻が扶養されていた場合，女性が30歳以上であれば，再婚しない限り一生涯，遺族厚生年金を受け取ることができる．しかし，亡くなった人が女性でその夫が扶養されていた場合，夫は60歳以上でなければ遺族年金を受け取ることができない．つまり，制度がよって立つ暗黙の前提として，男性に扶養されていた30歳以上の女性は自立できない存在，男性は60歳以下であれば自立するのが当然の存在として扱われているのだ．

また，年金の掛け金においても，実質的なジェンダー差がある．年金制度は，20歳以上の全ての国民を第一号（自営業者やアルバイトなど），第二号（正社員や公務員），第三号（第二号の配偶者）被保険者に分けている．第一号被保険者は国民年金に加入し，定額の保険料を納める．第二号被保険者は，厚生年金や共済年金に加入し，収入に応じた保険料を支払う．問題なのは，第三号被保険者制度であって，第二号被保険者の配偶者であり，年収が一定以下の者は，保険料を納付しなくても基礎年金保険料を納付したものとみなす制度である（免除ではなく納付したとみなす制度であることに注意．つまり，他の被保険者全員が負担する仕組みなのである）．これは，事実上，専業主婦優遇政策といわれ，夫は仕事，妻は家事という性役割分業を前提とし，主婦の家事労働に報いるとか，年収がないから払えないので仕方がない，などの理由づけがなされてきた．

しかし，一方，この制度に対しては，既婚女性が一定の収入を超えて働く意欲を削ぐとか，共働き女性やひとり親の女性も家事や育児を行っているのに，専業主婦の家事労働だけを評価することは不公平である，などの批判もなされてきた．

それ以上に問題なのは，収入が少なくても未婚の学生や一人暮らしの人は，支払い義務があるし（免除にすると給付金が減額される），また，無収入の専業主婦であっても，非正規社員男性の妻には支払い義務があるのである．つまり，第三号被保険者制度で優遇されるのは正社員と公務員男性の妻だけであって，低収入の非正規社員男性の妻には何の恩恵もない制度なのだ．

現行の制度がよって立つ前提——標準家族モデル

　年金の例でみたように，戦後に整備され今まで続いている社会保障制度は，次の二つの家族形態を前提としている．一つは，農家など先祖代々の農地や商店を受け継ぎ，一家総出で同じ場所で働き続ける自営業家族である．もう一つは，企業に正社員で勤める男性（公務員も含む）と専業主婦という性役割分業に基づいた「サラリーマン家族」である．この二つの家族形態を「標準家族モデル」として，結婚後その形態が一生涯続くことを前提に社会保障制度が設計されてきた．健康保険なら，自営業は自治体が運営する国民健康保険，サラリーマンは組合健康保険に加入する．年金なら，前者は国民年金，後者は厚生年金か共済年金に加入して，専業主婦である妻はその夫に従属する存在とみなされたのである．前者の自営業家族は，引退後は子どもに事業を譲って扶養を受けることを前提に年金額は低額に抑えられていた．

　その中で，夫婦とも企業の正社員（もしくは公務員）で働く家族は，「勝手にやっていること」とみなされて，一切の優遇措置から外れてきた．例えば，保育園はつい最近まで，保育に「欠ける」子どもを預かる福祉制度であった．それは，仕方なしに外で働かざるを得ない母親の子どもを措置するという意味で，あくまで，例外的事態とみなされてきた．また，非正規社員男性と専業主婦の組み合わせは，その存在には言及されることなく，一切の優遇・救済措置から外されている．

現代社会の変化と社会保障制度の矛盾の顕在化

　ほとんどの男性が自営業者か日本型雇用の正社員として，妻子を養って生活できる時代，そして，生活を豊かにすることが人生の目標であった時代には，自営業家族とサラリーマン家族をモデルとした社会保障制度は，それなりにうまく機能していた．

　現在では，自分の能力を生かして外で働き続けたい女性も増えているし，専業主夫として過ごしたいという男性も増えてきている．また，正社員であっても，一生続けるのではなく，起業するなど，雇用者から外れるケースも多くなっている．

　しかし，現行の社会保障制度では，そのようなキャリアを辿る家族は，標準的家族モデルをとる人々に比べ，不利益を被ってしまう．つまり，現在の社会保障制度は，ジェンダーにとらわれない多様な生き方の一つの障害になっている．

　一方で，9章でみたように，全ての男性が安定した正社員としての雇用に就けたり，全ての自営業が安定して存続し続けられる見通しもなくなっている．非正規雇用で勤め

る,つまり,国民年金や国民健康保険に加入する不安定雇用の男性も増大している.正社員男性であってもリストラなどで,失業や非正規雇用に追い込まれ,正社員として再就職できない人も増えている.自営業も倒産や廃業が普通のこととなり,子どもに継承させて扶養を受けることができずに高齢を迎えるケースも多い.男性が安定した収入を得られることを前提にした社会保障制度は限界に来ている.

 一方で,生涯独身者や,離婚,再婚する人が増えている.このことからも,結婚し,離婚しないことを前提に作られている現行の社会保障制度は,新たに生じてきている生活リスクから人々を守ることができなくなっているのである.　　　　　　（山田昌弘）

参考文献

山田昌弘「家族のリスク化」,今田高俊編『リスク学入門4 社会生活からみたリスク』岩波書店,2007年

エスピン＝アンデルセン,渡辺雅男・渡辺景子訳『ポスト工業経済の社会的基礎』桜井書店,2000年

10 親密性とセクシュアリティ

山田昌弘

　男女が直接かかわりあう領域が，カップル関係である．特に，セクシュアリティを含め，私的な領域での男女の対等な関係を築くことが，社会における男女平等の第一歩である．従来，男女のカップル関係は，ジェンダーによるステレオタイプの影響が強く残る領域であった．本章では，男女の親密な関係を題材にして，現在どのようなジェンダー差がみられるのか，その原因を探り，その差異がどのような問題を引き起こしているのかを考察していく．

1. 男女の心のすれ違い

　男女差別の問題が，他の差別問題と大きく違う点は，多くの場合男女がペアを作って生活することにある．2章で述べたように，同性愛指向を持ち，同性とカップルを作って生活する人も昔から存在してきたが，多くの人は異性とカップルを作ろうとする．

　通常，恋愛とか，配偶者選択と呼ばれるが，異性を好きになり，関係を築こうとするプロセスは，そのまま，ジェンダー問題の大きなテーマである．どのような異性がカップルの相手として選ばれやすいかについての考察は，6章で行った．本章では，男女がカップルになった後の，親密な関係におけるジェンダー問題を扱う．

　その際，よく男女の意識やコミュニケーション・パターンのすれ違いが話題になる．世間にも，ステレオタイプな男女のカップル関係の差異を表す言葉が流通している．例えば，「男は女性の最初の男になりたがり，女は男性の最後の女になりたがる」，また「男にとって女は絵，女にとって男は音楽」(柴門ふみ『恋愛論』参照) といった比喩的表現が用いられる．

このステレオタイプな表現は，特にセクシュアリティの領域で多くみられる．例えば，「男性は，遺伝子を残す本能があるから，浮気をするのは当然だ」「女性は，イヤだといっても，その裏で男性に征服されることを望んでいる」といった俗諺（ぞくげん）が一部の人たちの間で信じられている．

しかし，ジェンダー論の知見によると，本能的な差異といわれているものの多くが，文化的・社会的に作られた差異である．カップルにおける親密性，セクシュアリティの歴史的展開を追いながら，考察を進めていきたい．

2. 親密性の歴史的変遷

親密関係とは何か

ここで，親密関係を「安定した信頼に基づく関係性」と定義しておく．「愛情関係」とほぼ同義に使うことにする．人間は，愛情関係を求める動物であるといってよい．孤独を好み，一切の親密関係を拒否する人々も存在するが，多くの人は，何らかの親密関係を作り，維持したいと望んでいる．

親密関係を誰に求めるかは，人によって異なっている．近代社会においては，親密関係は，通常，家族に求められるべきものとされている．近年は，ペットも家族だという意識が浸透し，ペットとの間に安定した信頼できる関係性を築こうとする人々も出てきた（この傾向は，中高年の女性に顕著であるといわれている）．家族の中には，親子，きょうだい等自分で選べない関係の中の親密性も存在する．

現在では，家族的カテゴリーの中でも，夫婦などカップル（同性の関係や法的に結婚していない事実婚の関係，さらには，恋人関係も含む）の中に，親密関係を求める人が多い．それは，親密性の重要な要素として，「セクシュアリティ」の要素が不可欠だと思われているからである（赤川，1999，ギデンズ，1995参照）．

本論では，異性のカップル関係に絞って，ジェンダーの視点からみた親密性の歴史的変化と現代的課題を論じていきたい．

愛情の役割分業(経済の高度成長期型夫婦)

近代社会は，夫婦の愛情に大きな価値を置く文化である(山田, 1999)．しかし，その夫婦の親密関係が何によって維持されるか(愛情が何によってもたらされるか)に関しては，時代や文化によって異なっている．

「男が仕事，女が家事」という性役割分業が一般的な近代社会では，「愛情」観が男女によって異なるものと理解されてきた．仕事が役割分業されたように，愛情表現も役割分業されていたのである．

欧米では20世紀初頭から1960年頃まで，そして，日本では戦後の経済の高度成長期に，サラリーマン／専業主婦タイプの夫婦が増大した．そこでは，男性の愛情は，妻を外敵から守ったり，経済的に養ったりすることだと理解されてきた．一方，女性の愛情は，自分を犠牲にして夫をサポートしたり，身の回りの世話をしたりすることだと理解されてきた．

これは，まさに，男性は外で仕事，女性は家事という，役割分業に対応した愛情観である．お互いの役割を果たすこと＝愛情表現というステレオタイプな図式ができあがっていたのである．

日本のサラリーマン家庭では，稼ぎ手である夫が給料(袋)を妻に全部渡して，妻から小遣いをもらうという習慣がある(欧米では一般に，妻が専業主婦であっても，生活費として給料の一部を妻に渡すというパターンが多い)．これも，男性の愛情表現の日本的パターンであると考えると分かりやすい．また，恋人間では，「結婚しよう」という男性のプロポーズの言葉が，女性からもっとも喜ばれる愛情表現であったという．つまり，一生涯あなたの経済生活を保障するという意味があったのである．

女性の愛情として語られるのは，「内助の功」に代表されるように，男性をサポートすることや，「愛妻弁当」という言葉に端的に表現されるように，手間暇かけて夫にサービスすることが，女性の愛情表現であると思われてきた．

これは，逆に考えれば，モノやお金を与えることができない男性，家事に手間暇かけることを厭う女性がいれば，それは，「愛情に欠ける人」とみなされることになる．例えば，男性に対しては，「甲斐性なし」(妻に経済的余裕を与え

るほど収入が多くない)や,女性に対しては,「家事・育児をほっておいて」という言葉が,夫婦関係における侮蔑の言葉として流通してきた.

　愛情表現の性差というのは,ある性に特定の愛情表現を強制することと同じになる.一方で,夫にとっては経済的責任さえ果たせば,妻にとっては家事・育児さえこなしていれば,お互いに愛情があると思い込むことができるという分かりやすい状況であったともいえる.

発達論的な愛情表現の差異の説明

　近代社会における,以上のような男女の愛情表現方法の差異は,発達論的に説明可能である.4章で述べたように,近代社会においては,母親に代表される「女性」が,子どもの乳幼児期の子育てを行う.すると,子どもにとっては,親密な関係は,まず「女性」との間で形成される.

　思春期において,女性は,母親との親密なつながりを保持しながら成長するのに対し,男の子には,母親との親密関係を一度断ち切って,社会に入らなくてはならないというプレッシャーがかかる.男性は,「する(doing)性」といわれるように,男性であることを確証するためには,「相手の共感を伴った親密さを示すこと」はむしろ邪魔になる(4章参照).「何でもしゃべる」「感じていることを表現する」「相手の語りに真剣に耳を傾ける」「相手を気遣う」といったコミュニケーションによって相互に理解し合うという行動は,「女らしい」(=男らしくない)ものとして,避けられる.男性同士では,競争を通じてお互いに鍛え合う関係を作り出す.

　このように,男性は,親密性をコミュニケーションによって作り出すということに慣れていない.アメリカの文学研究者イヴ・セジウィックによると,男性の友人同士では,「ホモ・ソーシャル」という関係性が作り出されるという.共通の目標をもって作業をやり遂げる集団の中での結束感や,競争する中でライバル関係としてお互いに認め合うという形での関係性である.

　一方,女性同士の間では,母娘関係をモデルとして,お互いの気持ちを思いやるという関係性が作られやすい.このコミュニケーションによって相互に理

```
男性 対 男性 ──── ホモ・ソーシャル：仕事，競争関係の中での結束感

男性 対 女性 ──── 愛情の役割分業：男性は女性の生活を支えること
                              女性は男性の世話をすること

女性 対 女性 ──── シスターフッド：思いやり，コミュニケーション
```

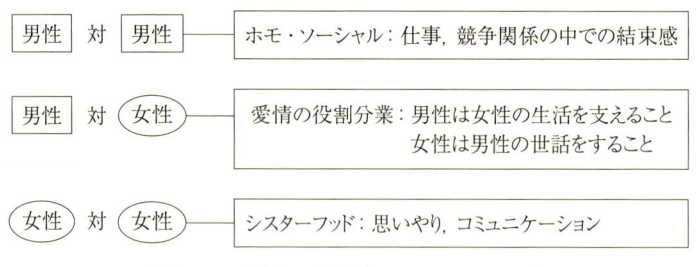

図 10-1　近代の親密性のステレオタイプ

解し合う関係を「シスターフッド」と呼ぶことがある．

　近代社会における親密性のステレオタイプ構造をまとめてみると，図 10-1 のようになる．この図式は，あくまでも傾向性である．母親が主に子どもを育て，性役割分業が一般的であるときに，身につきやすい親密性のタイプを示している．

親密性の変容

　1980 年頃から，欧米を始めとして先進諸国では，夫婦の愛情表現のあり方が変化している．従来の性別分業化されたステレオタイプな愛情表現では，お互いに「親密である」とは感じられなくなってきている．

　日本でも，1980 年代頃から，夫婦関係の内実を問題にする言説がマスメディア等で広がってきた．家庭内離婚(結婚しているのだが，コミュニケーションがなく，離婚同然の状態)，くれない族(夫が相手にしてくれないと愚痴をこぼす妻)，亭主在宅症候群(夫が家にいるとストレスがたまる妻)，帰宅拒否症(家に帰るとリラックスできないので，帰宅時間をわざと遅らせようとする夫)などの言葉が作られ，話題になった．

　それは，豊かな社会になり，「男は仕事，女は家事・育児」という夫婦間の性役割分業が流動化するにつれ，お互いの役割を果たすことだけで愛情を感じるということが無理になってきていることを示している．日本では，「空気のような存在」と夫婦関係を表現し，それが理想であるかのようにいわれていたが，コミュニケーションによって親密性を作り出すことこそが，愛情であると

の考え方が普及してくる．

　この事態を，アメリカの社会学者フランチェスカ・カンシアンやイギリスの社会学者アンソニー・ギデンズは，「愛情の女性化」と呼んでいる．

　前述のように，女性は，母娘や女性の友人の間で，お互いに気遣ったり，心配したりする関係を作り出すのに長けていた．夫婦関係において，コミュニケーションによる親密性が求められる状況に対し，女性の適応は早く，男性の適応は遅い．このギャップが，夫婦や恋人間のすれ違いを生じさせているのではないだろうか．

3. セクシュアリティの問題

セクシュアリティの重要性と二面性

　近年，気遣いや心配りだけでなく，いわゆる「セクシュアリティ」が，カップル関係において重要な要素になっている．

　理想的な親密関係の目的が，相互理解にあり，相手の喜ぶことをすることが自分の喜びとなる関係であるなら，まさに身体を通して理解し合うセックス関係がこれにあてはまる．人々が対等な親密関係を築く場合，セックスは一つの有力な手段となる．ギデンズが，セックスを含んだ関係が今後の親密性の重要な要素になると言うのも，この意味からである．

　一方で，セクシュアリティは，それが一方的に相手の意思を無視して行われたり，レイプや痴漢などの犯罪行為に結びついたり，商品としてやりとりされたりという形で，親密性とは全く無関係なところで営まれる場合もある．

　セックスに関するジェンダーのステレオタイプな考え方が，セックスが相互理解や相互満足の手段となることを妨げ，病理的な現象を生んでいるのではないか．その点を考察していきたい．

セクシュアリティにおけるジェンダー差の発達

　従来のセクシュアリティに関するステレオタイプな見方として，「男性の性

欲は，本能的なもので，身体的欲望に基づいている．一方，女性は性的に受動的で，本能的な性欲はない」という意見がよくみられる．

現に，男性のセクシュアリティは強迫的になりやすく，女性のセクシュアリティは受動的になりやすい傾向がある．しかし，それは，本能のみに基づくというよりも，社会的規範の影響を無視できない．精神分析学の性的発達論に依拠しながら，男性に焦点を当ててセクシュアリティの性差について考察していきたい．

ドイツ出身のアメリカの精神分析学者カレン・ホーナイは，「女性は不感症であっても，セックスし，子どもを産むことができる．一方，男性は，性的に興奮しなければ，セックスどころか自己満足(自慰行為)もできない」と述べた．このフレーズは男女のセクシュアリティの身体的差異を考察する際によく引用される．男性は，性的に興奮することが通常のセックス行為の必要条件であることを婉曲に述べた表現である．もちろん，いわゆる性交のみがセクシュアリティではないし，女性も性的に興奮しなければ，セックスにおける楽しみは少ないというのも事実である．

しかし，近代社会にとって重要なのは，「性的に興奮」することが，男性が自らの性自認を確認する手段の一つになっているということである．4章で述べたように，男性は，性自認を維持するために，男らしいと認められることをする(doing)必要がある．男性は，成長過程において，「性的に興奮しなければ，男でない」という刷り込みが，意識的・無意識的に行われる．この刷り込みがあるため，男性は，性的に興奮できなくなると，自信喪失を起こしやすい．

男性にとってのセクシュアリティの二重性と強迫性

以上より，男性のセクシュアリティには，二重の課題が付与されている．女性と性的コミュニケーションをとる手段としても，自分を男性と確認する手段としても，「性的興奮」が必要であるということが身についている．この必要性に基づく欲求の複合体が，一般的に男性の「性欲」と呼ばれるものである．男性が，ポルノグラフィーをみることやマスターベーションを好んだり，買春

(性的サービスをお金で買う)行為を行ったりすることが，女性に比べて多いのは，単に，身体的に気持ちがいいとか好奇心が強いという理由だけではない．性的に興奮することによって，男性であることを確認したいという欲求が背後にあり，その欲求自体は意識されないことが多い(だからといって，ポルノや買売春が認められるということではない)．

また，男性は，セックス経験の回数や年齢的早さを，他の男性と競うこともよくみられる．男性が性的体験を初めて行うと，「男として一人前になった」という言い方がよくなされる．セックスで興奮することが男らしさの象徴であるから，早く経験し，体験回数が多いほど，他の男性からうらやましがられるのである．

以上のように，男性に課せられているセクシュアリティの重みを考えると，男性のセクシュアリティは，一種の強迫的特徴(したくてたまらなくなる状態)を帯びる．男性の性的強迫性や性的攻撃性は，男性ホルモン(テストステロン)や遺伝子などの影響であると説明されることが多かった．しかし，全ての男性が性的強迫性や攻撃性を持つわけではないので，社会的・心理的要因の影響力が強いと思われる．とすると，競争社会の中で，男性であるというアイデンティティが損なわれている人，女性との親密関係に縁遠い人に，性的強迫性が強く出るとの説もある．

もちろん，男性は，性的興奮だけを求めてセックスしたいと思うわけではない．しかし，女性とのコミュニケーションの手段としてセックスする場合でも，性的興奮の要素がないと，親密関係でさえも成り立たないと思うのが男性の多数派なのである．

女性にとってのセクシュアリティ

今まで，女性が性の楽しみを語ることは，はしたないという風潮があった．そのため，女性にはもともと性欲がないという誤解も広まっていた．

1960年代のアメリカで始まったラジカル・フェミニズム運動の中で，女性とセクシュアリティの関係が一つのテーマになり，「女性もセックスを楽しむ

権利,自由がある」ことが確認された.そこで,避妊など産児制限手段の使用が一般化し,女性がセクシュアリティを楽しむ基盤が形成された.

しかし,女性は,男性のような形で,性的強迫性が形成されることはまれである.女性の場合,自分が男性から女性と思われたい,つまり自分が男性の性的興奮の対象となることを確認する手段として,性的関係を求めるという症例がみられる程度である(ギデンズ,1995).

多くの女性は,セックスを目的としてではなく,コミュニケーションの手段であるとみなし,親密性の延長上にセックスがあると考え,好きな人と楽しめると意識したときのみ,特定の人に対してセックスの欲求が生じると感じる人が多い.

ギデンズは,男女間の対等な関係を築く上での第一歩として,男女が対等な形でセックス関係に向き合うことが重要だと述べている.セックスに関するジェンダー差が,親密な関係を築く際の障害にならないように,気をつける必要がある.

4. 親密性とセクシュアリティ

親密性とセクシュアリティの関係

以上に考察した現代社会における男女の親密性とセクシュアリティの関係を図にすると,次のようになる(この図は,一般的な傾向性を示すものであることに注意されたい).

現代社会では,多くの男女は,カップル間の親密性の確認手段としてセック

男性:強迫的(目的性)　　　　　女性:選択的(手段性)
　愛情関係を築くのに必要　　　　愛情関係を築くことが必要

```
┌──セクシュアリティ──┐      ┌──親密性──────┐
│   ┌──親密性──┐   │      │  ┌─セクシュアリティ─┐  │
│   │          │   │      │  │              │  │
│   └──────┘   │      │  └──────────┘  │
└────────────┘      └────────────┘
```

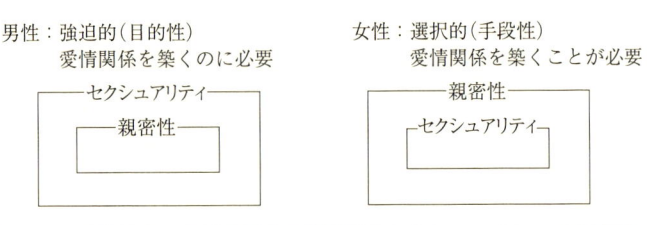

図10-2　現代社会における男女の親密性とセクシュアリティの傾向性

スを考えている．ただ，男女の認識でずれがあり，男性は親密ではなくてもセックスを求める欲求があり，女性はセックスなしでも親密性が維持されると考える傾向がある．この両性の認識のずれが問題となる一つの現象が，いわゆるセックスレス・カップルと呼ばれる関係性である．この問題をみていくことによって，親密性とセクシュアリティ，ジェンダーの関連性を考えてみたい．

セックスレス・カップル

セックスレス・カップルとは，「決まった性的パートナー（夫婦，もしくは恋人）がいて，単身赴任や入院などの特殊な事情が認められないにもかかわらず，カップルの合意した性交，あるいはセクシュアル・コンタクトが1カ月以上なく，その後も同じ状態が長期にわたることが予想される場合」と定義されている．

NHKの調査によれば，20〜40代のカップルのうち，セックスレスの割合は14.7％であった．この傾向は30代のカップルに顕著である．30代に限定すると，全体の19.3％がセックスレスだという結果が得られている（NHK, 2002参照）．

先にみてきたとおり，現代の日本人の意識において，セックスは親密さを確認する手段という意味が大きな位置を占めるようになった（赤川，1999参照）．セックスレスの人々の悩みはこのパラダイムにのっているといえる．社会学者の永田夏来の調査によると，男性が求めない場合は，性的に興奮できないことに悩み，女性が求めない場合は，セックスを拒否する自分を発見して悩む．両性とも，カップル間には親密性がないのではないかと悩む場合が多い．しかし，それを口にすることなく，特に仲が悪くなったということでもなく，セックスレスの部分さえ除けば通常の夫婦の生活を送っている人が大部分である．

セックスレスでもかまわないとするカップルもまれにいる．この場合，「コミュニケーションが十分取れているので性交渉は必要ない」という結論に達しているケースがほとんどである．これはセックスの親密性パラダイムの裏返しだといえる．多くのカップルはこうしたコンセンサスに達することはなく，性

交渉に対して違和感を感じているどちらか片方だけが深い悩みを抱えるということになる．

セクシュアリティはジェンダーによって規定されていて，男女でそのあり方が異なる．こうした悩みは，セクシュアリティのジェンダー差によって説明できるといえる．また，セックスレスの例をみていくと，男女に関するセクシュアリティのステレオタイプがあるがゆえに悩みが深まる面があることも，念頭に置かなければならない．

参考文献

赤川学『セクシュアリティの歴史社会学』勁草書房，1999 年

Nancy Chodorow, *Feminism and Psychoanalytic Theory*, Yale University Press, 1989

ジグムント・フロイド，懸田克躬訳『性欲論』日本教文社，1969 年

アンソニー・ギデンズ，松尾精文・松川昭子訳『親密性の変容』而立書房，1995 年

永田夏来「夫婦関係にみる『結婚』の意味づけ」，『年報社会学論集』No. 15, 関東社会学会，2002 年

NHK「日本人の性」プロジェクト編『データブック NHK 日本人の性行動・性意識』日本放送出版協会，2002 年

服藤早苗・山田昌弘・吉野晃編『恋愛と性愛』早稲田大学出版部，2002 年

上野千鶴子他編『岩波講座現代社会学 10 セクシュアリティの社会学』岩波書店，1996 年

山田昌弘「愛情装置としての家族」，目黒依子・渡辺秀樹編『講座社会学 2 家族』東京大学出版会，1999 年

11 ジェンダー,セクシュアリティ,暴力

江原由美子

　近年「女性に対する暴力」という問題について,社会的認識が急速に深まってきている.またそうした認識の深まりにつれて,従来,レイプ,セクシュアル・ハラスメント,ドメスティック・バイオレンスなど,別々に考えられてきた問題間に,「ジェンダーとセクシュアリティと暴力の関連性」という観点からみるとかなり共通性があるということが,指摘されるようになってきた.本章ではこの視点から考察してみることにしよう.

1. 国際会議における「女性に対する暴力」の問題化

　「女性に対する暴力」という問題は,20世紀末から,国際会議においてしばしば重要な議題となってきた.1985年のナイロビ世界女性会議,1993年のウィーン世界人権会議などで,重要な問題として指摘され,同年に行われた第48回国連総会では「女性に対する暴力撤廃宣言」が採択された.
　また,1995年に開催された第4回世界女性会議(北京会議)は,その行動綱領において,「女性に対する暴力」が長年放置されてきたことを女性の人権侵害として問題化し,あらゆる国家がその問題に対処する必要性を宣言した.そこでは,「女性に対する暴力」は,「起きる場所の公私を問わず,性的又は心理的な傷害もしくは苦しみをもたらす,もしくはもたらすおそれのある,ジェンダーに基づく全ての暴力行為」と定義され,以下のようなことが,例示として挙げられた.「家庭内の女児に対する殴打や性的虐待,持参金に関した暴力,夫婦間のレイプ,女性性器の切除やその他の女性に有害な伝統的習慣,職場や教育機関におけるレイプ,女性の人身売買,国家が犯しまたは許す性的及び心理的暴力」.すなわち,この定義と例示によれば,「女性に対する暴力」とは,家

庭内・職場・教育機関・地域社会などほとんど全ての場において生じる問題であり、「女性に対する暴力」を行使する主体も、夫・父母などの家族、職場の上司や同僚、教師などの職業人、伝統的習慣を強要する地域住民、国家など、非常に広範に把握されることになったのである。

2. ドメスティック・バイオレンス

　北京会議の行動綱領を受けて、日本社会で急速に認識されるようになってきた「女性に対する暴力」の問題の一つが、ドメスティック・バイオレンスである。ドメスティック・バイオレンスとは、「家庭内の暴力」という意味であるが、通常はより限定的に、「親密な関係における男性から女性に対する暴力」を指す。ここでいう「親密な関係」には、「夫、内縁の夫、別居中の夫、前夫、婚約者、元婚約者、つきあっている恋人、以前つきあっていた恋人」などが含まれる。性的関係がある（あるいはあった）男女間における、男性から女性に対する暴力を、ドメスティック・バイオレンスというと考えてよい。

　こうした暴力の存在はかつてから知られてきたが、暴力を行使する夫はごく少数であると思われてきた。そしてそうした夫の暴力の背景には、貧困やアルコール依存症など別の病理的要因があるものと考えられてきた。しかし近年の調査は、こうした認識の妥当性について、再検討を促している。2002年に

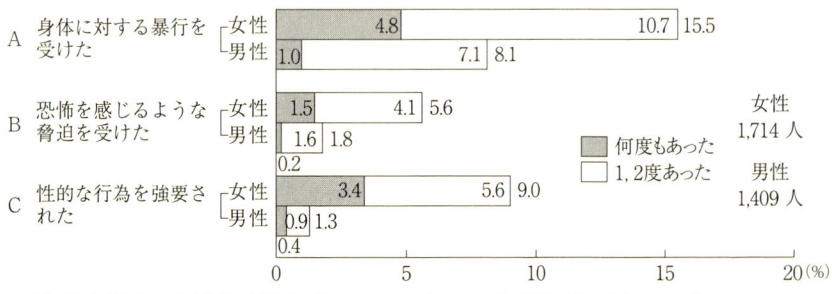

出典：井上輝子・江原由美子編『女性のデータブック』有斐閣、第4版、2005年、p.57．

図11-1　配偶者等からの被害経験──これまで(2002年)

表 11-1 夫やパートナーが暴力をふるう理由(複数回答)

N＝52	回答数	割合(%)
気に入らないことがあると，暴力で解決しようとする	21	40.4
夫が自分勝手，自己中心的	16	30.8
仕事などのストレスのはけ口	13	25.0
アルコール中毒	9	17.3
夫自身の劣等感や競争意識の裏返し	8	15.4
病気(精神疾患)	8	15.4
家事は女がやるものという思い込みを持っている	7	13.5
私が甘くみられている	6	11.5
私に対する甘え	5	9.6
私に愛情がないから	5	9.6
女・子どもは暴力で言うことをきかせるという考え方がある	4	7.7
夫が自分の思いを言葉でうまく表現できないから	2	3.8
特に理由はない	0	0.0
その他	6	11.5
不明	4	7.7

出典) 東京都生活文化局「夫からの暴力の経験のある女性に対する面接調査」1998年.

　内閣府男女共同参画局によって行われた「配偶者等からの暴力に関する調査」によれば，「身体に対する暴行を受けた」経験を持つ女性は，「何度もあった」「1，2度あった」の計で，15.5％(男性は8.1％)いることが明らかになり，深刻な暴力が広範に存在することを改めて浮き彫りにした(図11-1)．また1997年の東京都調査(報告書は1998年)において，夫からの暴力の経験のある女性たちに面接して得た回答によれば，夫が暴力をふるう理由として「アルコール中毒」をあげた者は17.3％にすぎず，大半の暴力はそれ以外の理由によって生じている(表11-1)．警察庁統計によると，日本において殺人事件の女性被害者の約3割は，夫あるいは内縁の夫によって殺されているという．ドメスティック・バイオレンスの実態調査によって，問題の深刻さと広がりが明らかになり，固有の社会問題として認識するべきだということが，理解されるようになったのである．

　この状況を改善するために，2001年4月「配偶者からの暴力の防止及び被害者の保護に関する法律」(DV法)が公布され，10月から施行された．各地域

社会においても，相談制度の充実やシェルターの整備が進められているが，実際に被害者支援にあたっている支援者からは，これまでの施策では全く不十分であるという批判も強く，より現実に即したきめの細かい施策が求められている[1]．

3. セクシュアル・ハラスメント

セクシュアル・ハラスメントとは，相手の意に反した性的な言動をなすことで，仕事上の不利益(失業・配転・業績悪化など)を与えたり，仕事環境の悪化を生じさせたりする加害行為をいう．大きくは，「仕事上の立場を利用して相手の意に反した性的行為を強要し，相手がそれに応じないと『昇進させない』などと脅したりするタイプ」(対価型)と，「相手が嫌がっているのに性的言動を繰り返し，仕事環境を悪化させるタイプ」(環境型)に分けられる．男女とも，加害者にも被害者にもなりうるが，実際の事件においては加害者はほとんど男性であり，被害者は女性である．

こうしたセクシュアル・ハラスメントが「女性の人権」を傷つける加害行為であるという認識は，先進諸国においても1980年代にいたるまで確立されなかった．セクシュアル・ハラスメントという言葉がない時代，被害者女性は，加害者の加害行為への怒りをどこにも訴えることができないでいた．今日セクシュアル・ハラスメントという加害行為として認識される問題は，単に男女間の個人的問題だと考えられていたのである．しかし，被害者女性の視点からすれば，セクシュアル・ハラスメントという加害行為は，仕事をする上で避けることができない場において，自分の人格や身体に対して甚大な被害を受けることを意味する．加害者の意図に「恋愛」や「性的ジョーク」という含意があっ

---

1) DV法は，その後2004年に，配偶者の定義を拡大したり，被害者の子への接近禁止命令も出したりできるように改正された．また2007年には，脅迫を受けた被害者も保護命令の申し立てができるようにしたり，保護命令制度を拡充したり，市町村に対してDV防止および被害者保護の基本計画策定の努力義務を定めたりするなどの改正が行われ，2008年1月から施行された．

たとしても，被害者の立場からすれば，そうした行為は，仕事上の不利益を生む可能性がある重大な侵害行為という意味を持つ．さらに仕事上の不利益だけでなく，多大な精神的・身体的苦痛をも被る．その仕事をするよう業務命令しているのは使用者・管理者なのであり，その結果甚大な被害を被ったのであるから，使用者・管理者の職場管理責任を問うのは当然だということになる．このような被害者の視点が，1980年代に広く認識されるようになったのである．

　日本社会では，まず1980年代末から1990年代はじめにかけて，労働現場においてセクシュアル・ハラスメントの実態の把握が進んだ．その後，大学などの教育機関においても同様の問題があることが指摘され，1990年代後半には，小中高校などの教育機関におけるセクシュアル・ハラスメントも問題化された．このほかに，地域社会や介護や看護の現場においても，問題があることが指摘されている．

　このような現状を受けて，相談機関の設置や研修の充実など，各組織・機関で取り組みが行われた．1997年には，男女雇用機会均等法が改正され，事業主のセクシュアル・ハラスメントに対する配慮義務が定められた．2007年の同法改正においては，女性だけでなく男性へのセクシュアル・ハラスメントの防止義務も定められた．また，各自治体の男女共同参画関連の条例でも，セクシュアル・ハラスメントの防止が規定されていることが多い．

4. レイプ神話

　レイプ(強姦)は，刑法において罪が規定されている(刑法177条)性犯罪である．したがってレイプ問題は，現行法において処罰が明確に規定されている「女性に対する暴力」である．しかし，それにもかかわらずレイプ問題は，「女性に対する暴力」として，近年問題化されてきた．その背景には，実際に被害を受けても，被害者に告訴を断念させるような神話が形成されているという事情がある．

レイプ事件は，警察が把握している数の数倍から十数倍はあるといわれている．親告罪であるレイプは，被害者が告訴しない限り事件化しない．すなわち，被害者が告訴しないゆえに事件化しないレイプが，相当数あるといわれているのである．告訴しない理由は個々の事情により様々であるが，大きな背景的要因として，性規範のダブルスタンダード（女性と男性で，課せられる性規範が異なること）が挙げられてきた．すなわち女性により厳しい性規範が課せられている社会においては，たとえレイプの被害者としてであっても，夫や恋人以外の男性と性行為をしたことが家族や世間に知られてしまうと，女性を責めるような視線が生まれる可能性がある．その結果，被害者は告訴をしにくくさせられてしまうのだと．

　けれども，レイプ被害者に対する救援活動を行ってきたNGO団体によれば，レイプ事件において被害者が告訴しにくい理由としては，レイプ事件のイメージを非常に限定的にしか認めない認識（レイプ神話）を，被害者を含む多くの人々が持っているということも，大きな要因として挙げられるという．レイプ神話とは，レイプ事件を，「全く見知らぬ男によって清純な若い女性が屋外で突然襲われて暴行される」ような事件として描き出す，レイプについてのステレオタイプ化されたイメージである．このイメージによって，被害者女性は，事件直後にすぐ大きな声をあげて助けを求めるのが「自然」だとされてきた．しかし実際には，レイプする者は，見知らぬ男よりも知人の方が多く，被害者女性がとる行動も多様である．事件の場も，屋外よりも室内の方が多い．それなのに，実際に起きているレイプ事件のごく一部にしかあてはまらないレイプ神話が蔓延していると，被害者女性自身が自分の被害をレイプだと認識できなかったり，訴えた場合にも周囲の人々から理解が得られないという結果になりがちである．その結果，被害の訴えが抑止されてしまうのだ．

　被害者女性がそれまで加害者男性と（親類・知人・血縁者・同僚などの）何らかの社会関係を持っている場合は，そうした社会関係への配慮も働いて，告訴しにくくなりがちである．特に，被害者女性が加害者男性と過去に性関係を持っていたり恋愛関係にあったりした場合には，被害者が加害者男性からの暴力

を訴えたり，そのおそれから保護を求めたりしても，個人的な恋愛関係のもつれと解釈されたり，被害者自身の「落ち度を問う」ような視線を向けられてしまうことが多い．こうした解釈がなされてしまう背景には，性関係や恋愛関係を，あたかも男性が女性を「獲得する」「所有する」ことであるかのようにみるジェンダー観・セクシュアリティ観がある．「一度女性が男性のものになったならば，男性は当然その女性をいつも自分のものにしてよい」というような考え方がある場合には，恋愛関係や性関係にある(あった)男性からの要求を女性が拒否した場合，拒否された男性が女性に暴力をふるってもしかたがないかのように，考えられてしまうからである[2]．

5. 暴力，ジェンダー，セクシュアリティ

ここまで，ドメスティック・バイオレンス，セクシュアル・ハラスメントなど，問題を個別的にみてきたが，これまで論じてきたことからも分かるように，これらの問題においては，被害の告発の困難さや社会問題化の難しさなどの点で共通の論点が見出せる．

第一に，これらの「女性に対する暴力」問題は，いずれも近年社会問題化される以前は「個人的問題」「プライベートなこと」「個人の恋愛や性愛の領域」などと定義され，被害者に対する支援や加害者に対する処罰などの社会的介入がないままに放置されてきた．レイプに関しては確かに古くから刑法に規定があったが，レイプ神話などによってレイプという事件の範囲を限定している結果，被害者の視点からみてレイプであっても，そうみなされることなく放置されていた事件も多かった．ドメスティック・バイオレンスやセクシュアル・ハ

---

2) このような考え方が現代日本社会において正当化されていることを明確に示す例として，法律における「夫婦間レイプ」の扱い方という問題がある．現代日本の法律解釈によれば，夫は妻に性交を強要しても強姦罪に問われることはない．ここには，結婚をあたかも夫による妻の身体の所有の社会的承認であるかのようにみなす考え方，つまり「一度女性が男性のものになったならば，男性は当然その女性をいつも自分のものにしてよい」という社会通念と同じ考え方があるといってよいだろう．

ラスメントの問題は，これらの概念ができるまでは，問題を訴えることすら困難であった[3]．

　第二に，これらの「女性に対する暴力」問題では，他の犯罪被害者に対しては生じることがまれな「被害者を責める」視線が，被害者に向けられることがいまだに多い．ドメスティック・バイオレンスに関しても，「妻の方にも落ち度があるのではないか」「夫の暴力を他人に話すのは家族の恥を他人の目に晒すことだから，妻がするべきことではない」などの非難が，被害者に向かう場合がある．セクシュアル・ハラスメントを受けたと訴える被害者に対しては，「すぐ被害を訴えるということ自体が感情的でヒステリック」「本人の行動にも問題がある」などの陰口がなされることが多い．レイプについても同様である．

　これらのことは，なぜこれまで「女性に対する暴力」が見逃されてきたのかを，明らかにしているように思う．「女性に対する暴力」は，私たちの社会がこれまで作り上げたセクシュアリティやジェンダーによって，社会秩序の一部として組み込まれ常態化された暴力だったのであり，だからこそ問題化されなかったのではなかろうか．だからこそ問題化する被害者の方が非難され攻撃されてきたのではなかろうか[4]．

　暴力とジェンダー，セクシュアリティの関連性は，加害者男性を対象とした支援プログラムの中でも，明らかになってきている．加害者男性は，暴力をふるってしまう自分自身をふりかえる中から，怒りなどの感情や衝動の裏にある，自分自身のジェンダーやセクシュアリティに関する思い込みやその歪みに，気づいていくという．暴力とジェンダー，セクシュアリティは，密接な関連性を持っているのである．

---

3) 2000年に成立した「ストーカー規制法」も，従来は違法行為として取り締まることができなかった，女性に対するつきまといや無言電話などの嫌がらせ行為を規制することを目的としている．
4) 社会秩序にもっとも深く組み込まれており，だからこそもっとも社会問題化しにくい「女性に対する暴力」の問題として，デート・レイプ（デートの相手によるレイプ）問題がある．

参考文献

ミランダ・デービス編,鈴木研一訳『世界の女性と暴力』明石書店,1998年
ジャルナ・ハマー,メアリー・メイナード編,堤かなめ監訳『ジェンダーと暴力』明石書店,2001年
角田由紀子『性の法律学』有斐閣,1991年
「夫(恋人)からの暴力」調査研究会『ドメスティック・バイオレンス』有斐閣,1998年,新版,2002年
東京都生活文化局女性青少年部女性計画課編『〈女性に対する暴力〉調査報告書』1998年
中村正『ドメスティック・バイオレンスと家族の病理』作品社,2001年
井上輝子・江原由美子編『女性のデータブック』有斐閣,第4版,2005年

12 性の商品化

江原由美子

　多くの社会において，「買売春」(他人の性器・身体を，対価を支払って，自分の性的欲望のために利用すること，または自分の性器・身体を，対価を得て，他人の利用に供すること)行為や，ポルノグラフィー(性的欲望の満足のために利用される，客体化・断片化・モノ化された女性像)の製作・販売などが，行われてきた．現代社会では，こうした「性的欲望」に関わる「商品」が，日常生活に溢れ出していると言いうるほどにも大量に販売されている．またこうした現象は国際経済の中に組み込まれつつあり，一国内で対応することが困難になりつつある．本章では，現代社会における「性の商品化」という問題の現状や基本的な概念を押さえた上で，このような現状をどう考えればよいのか，どのような視点がありうるのかを，考察していくことにしよう．

1.「性の商品化」批判とは？

「性」の含意の二重性とジェンダー

　「性」(sex)という言葉は，「性行為およびそれに関連した事柄」と「性別」という二つの含意がある．「性の商品化」という場合の「性」とは，当然にも前者の意味であるが，同時にそれは「性別」すなわち「女性」をも意味している．「性の商品化」という現象を考察する際に欠落させてはならない認識は，少なくとも現在では，それが男女にとって，全く異なる事態として表れているという認識である．すなわち，男性は主として買う側に，女性は主として売る(あるいは「商品」として売られる)側に位置づけられてしまっているのである．この非対称的な男女の位置が，「性の商品化」という問題を議論する場合の男女間の相互理解を困難にしている．

「商品化」とは何か

「商品」とは、「売りに出されているモノ」をいう。ここでモノとは、単に物財を意味するだけでなく、情報・労働力・サービスなどを含む「移転可能な財」一般を意味することとする。モノが「商品」になるとは、モノ自体に変化が生じることではなく、モノの「移転」に関して、モノを手放す人と手に入れる人との間の人間関係が変化することをいう。前近代社会においては、モノの「移転」の多くは、モノを手放す人と手に入れる人との長期的な人間関係に付随して行われた。地域社会での相互扶助、家族間の贈与、親方と子分の間の贈与などである。「商品化」とは、こうした長期的な人間関係の形成を前提としないモノの「移転」のあり方の形成を意味する。モノを手放す人と手に入れる人が、売買以外に関係を持たず、相互に売買の条件のみを考慮してモノの「移転」という相互行為に向かいあう時、モノは「商品」となるのである。資本主義社会は、労働力も含めて、全てのモノを「商品化」したといわれるのは、このような意味においてである。

しかし近代の資本主義社会は、同時に、その構成員に基本的人権を認める民主主義社会として成立してきた。ゆえに、人間を売買して隷属的状態に置くこと(人身売買)は、法において禁じられている。買売春がこの人身売買にあたるならば、当然にもそれは否定されることになる[1]。

「性の商品化」批判

1980年代、日本の女性運動の中で、ミス・コンテストやポルノグラフィーなどに対して、「女性の性を人格から切り離して金銭と交換可能なモノと定義するものだ」と批判する議論が生まれ、「性の商品化」が問題となった。現代社会において「性」に関連する「商品」を「性の二重性」に即して考えてみる

---

1) 日本社会では1956年に売春防止法が制定された。法は、売春が「人としての尊厳を害し、性道徳に反し、社会の善良の風俗をみだす」という理由から、売春行為を禁止している(処罰は売春業者のみ、売春女性は保護の対象)。

と，「性」とはまず，性交・性的欲望・性幻想など，性行為およびそれに関連する事柄を含意するから，「性」に関連した「商品」には，①性行為に役立つ物財の「商品化」(避妊具・媚薬など)，②性行為あるいはその他の性的欲望や性幻想などを満足させる「サービス」が「商品」となる「商品化」(売春・性風俗産業など)，③性行為に関連する情報の「商品化」(「性指南書」・ポルノグラフィーなど)が，含まれることになる．これらの「商品」のうち，「性の商品化」という議論において問題になっているものは，主として後者二つ，すなわち「サービス」と「情報」における「性の商品化」であった．他方，この二つの「性の商品化」を，「性」のもう一つの意味である「性別」に即して記述すると，性交などの「サービス」の「商品化」は，主として，女性の身体(正確には身体による「サービス」)の「商品化」を意味し，また「情報」における「性の商品化」とは，主として女性の裸体像や性行為時の身体像，あるいはそれについて描写する文章などの「商品化」を意味することになる．女性運動の「性の商品化」批判とは，このように，ジェンダー非対称的に，女性の身体や外見があたかもモノであるかのように値踏みされ取引される状況に対し，異議申し立てをするものであった．

1960〜70年代の「性解放」と「性の商品化」

1980年代の女性運動が「性の商品化」批判を展開した背景には，1960〜70年代において先進諸国で展開された「性解放」の動きがあった．禁欲的・偽善的・抑圧的な性道徳からの解放を求めたこの「性解放」の主張は，確かに，オープンで開かれた人間関係を形成する上で一定の意義があった．しかし従来のセクシュアリティに関する男性中心的な観点を維持したまま「性解放」を行うならば，それは単に，女性を性的対象物とみるような男性の性的欲望の表明の自由を意味するにすぎない．「性解放」の名のもとに女性を性的対象物と規定するような性情報を日常生活に氾濫させることは，男女平等や女性解放に矛盾するのではないか．このような認識が，「性の商品化」を批判する主張を生み出したのである．

2. 買売春問題とジェンダー

「性の商品化」をめぐる現代的状況

21世紀日本社会においては，若者世代を中心に，性に対する開放的意識がより一層強くなり，それと並行するように「性の商品化」が社会の表層に顕現してくるようになった．また「性の商品化」に対する意識も多様化してきた（図12-1）．

他方において，セックス・ツアーなどの形で日本人観光客が海外で性を買うことも多くなり，こうした行為が，子どもに対する性的搾取など深刻な問題を生み出していることも明らかになっている[2]．このように，一方において問題が深刻になっているにもかかわらず，意識が多様化しているという状況があり，「性の商品化」の問題をどう考えるかということが差し迫って問われていると言いうるだろう．以下では，主に買売春問題に即して，「性の商品化」を考える視点を提示していくことにする．

婚姻外性行動としての買売春

性行為は，生殖を導くゆえに，ほとんどの社会において厳しい規制がかけられてきた．すなわち，性行為を婚姻（持続的に性行為を営むこと〔性関係〕を社会的に承認された社会関係）のうちにとどめ，婚姻以外の性行為には社会的制裁が課されることが一般的だった．他方，婚姻は，性関係だけではなく，扶養や財産相続などの経済的関係や，生活上の共同生活関係，愛情などの情緒的関係を含む，多面にわたる人間関係として，位置づけられてきた．現代社会においては，婚姻外の性行為に対する社会的規制は，かなり緩やかになっているが，多くの

---

[2] この問題が認識され，1999年5月に，「児童買春・児童ポルノ処罰法」が成立した．この法律においては，国の内外を問わず18歳未満の子ども（児童）を買春したり，児童ポルノを製造・販売したりすることは，禁止されている．海外での買春行為も，帰国後に処罰される．

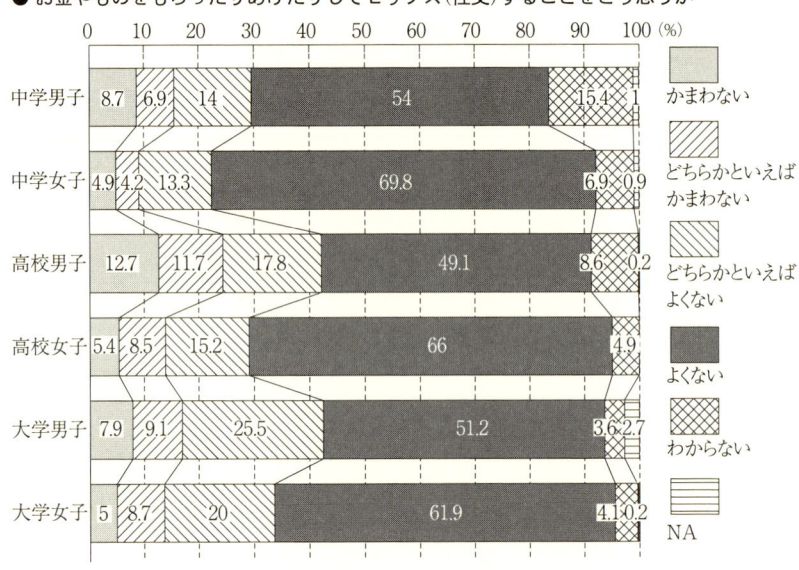

● お金やものをもらったりあげたりしてセックス(性交)することをどう思うか

	かまわない	どちらかといえばかまわない	どちらかといえばよくない	よくない	わからない	NA
中学男子	8.7	6.9	14	54	15.4	1
中学女子	4.9	4.2	13.3	69.8	6.9	0.9
高校男子	12.7	11.7	17.8	49.1	8.6	0.2
高校女子	5.4	8.5	15.2	66	4.9	
大学男子	7.9	9.1	25.5	51.2	3.6	2.7
大学女子	5	8.7	20	61.9	4.1	0.2

資料) 日本性教育協会編『〈若者の性〉白書』(1999年調査)小学館, 2001年, p. 199 より作成.

図12-1 若者世代の「性の商品化」に対する意識

性関係が，結婚や恋愛関係など多面的かつ長期的な人間関係として営まれていることには，違いがない．こうした性行為や性関係についての観念や規範を前提とした場合，対価を目的として不特定多数の者と性行為を行ったり(売春)，その時だけの性的欲望の満足を目的として対価を払って他者と性行為を行ったり(買春)することは，そうした性についての観念や規範を逸脱するものとなる．したがって買売春行為には，常に厳しい視線が向けられてきた．一般に買売春行為が問題視されるのは，こうしたことが一つの理由となっていると考えられるだろう．

「女性の人権」の侵害としての買売春

他方，買売春は，女性の人権を侵害するという観点から，批判の対象となっ

てきた．近代社会においては，「人格」を他の何ものの手段ともなることのない，自由で自立的な主体とみなす思想（人格主義[3]）が強い．「性」を「人格」の核とみなす立場からすれば，女性の「性」を売買の対象とするということは，「人格」を手段とみなすことであり，したがって，女性の「人格の尊厳」を冒す人権侵害ということになる．また，身体を「人格」の「基盤」と考えるとすれば，身体を売買することは「人格」の尊厳を脅かす行為ということになる．ましてや女性の意思に反して売春行為を強要したり，売春目的のために女性を監禁し暴行を加えたり，あるいは親などの親権者に金銭を渡して若い女性や少女などを売春目的のために「買う」（人身売買）などの行為は，女性に対する暴行であり女性の人権を侵害する行為であることは，明確である．買売春において，暴行を受けたり，借金を理由に長期にわたって監禁されたり，性感染症その他の病気をうつされたり，妊娠させられたりした女性たちは，非常に多く存在する．こうしたことから，買売春は，女性の人権を侵害するものと批判されてきた．この批判の視点からすれば，買売春によって侵害を受けるのは「売る側」の女性であり，女性は被害者ということになる．

「売春女性」への社会的非難とジェンダー

しかし実際の買売春批判の言説においては，この二つのいずれでもない視点が混入している．もし買売春行為を，先述したような「性規範からの逸脱」行為として把握するなら，批判されるべきなのは売買する双方ということになる．また女性の人権に対する侵害行為として批判するなら，批判されるべきは買う側であり，女性は被害者ということになる．しかし多くの場合，買売春に対する批判的言説は，「買う側」の男性よりもむしろ「売る側」の女性を強く非難するものとなっている．たとえ意思に反した行為であったとしても，売春行為をした女性には「売春婦」というレッテルが貼られ，侮辱されてもしかたがない存在であるかのように扱われてきた．一面では「被害者」であるはずの女性

---

[3] 哲学者 I. カント（1724-1804）は，人間の尊さを人格に求める倫理学を確立した．この道徳哲学を人格主義という．

がこのような社会的制裁を受ける一方で,「買う」男性の方には,社会的制裁はほとんど課されてこなかった.

こうした実際の社会的非難の背景にあるものは,先述したような買売春行為に対する考え方に基づくものというよりも,前の章で考察したような,男女間における性規範のダブルスタンダード,あるいは貞操観念など,女性の性を男性の所有物として位置づける観念であることは,明瞭であろう.複数の男性と性行為を行う女性を「ふしだらな女」として非難する一方で,複数の女性と性行為を行う男性を大目にみるという考え方が背景にあって,売る女性を非難し買う男性を免罪するような考え方が一般化していると考えられるのである.

3. セックス・ワーク論と「性＝人格」論批判

セックス・ワーク論

このように買売春行為一般に対して社会的な非難を浴びせるのではなく,「売る側」にのみ厳しい社会的制裁を課す社会通念は,売春女性たちの状況を非常に厳しいものにしている.すなわち,「買売春」を「産業」(性産業)の一つと言いうるほどに社会に蔓延させながら,そうした「産業」に従事する女性たちが自分の人権を守るために自己主張することを困難にしているのだ.例えば,こうした「産業」に従事している女性たちは,客から「性暴力」を受けたり,性感染症をうつされたりする身体的危険にさらされている.また,約束と違う条件で働かされたり,お金をもらえなかったりする場合もある.しかしこうした被害にあっても,「売春」が違法行為である以上,その契約は法的保護の対象外となってしまい,また「売春」していたことが他者に知られてしまうと厳しい社会的制裁を課せられるので,被害を訴えることすらできなくなってしまうのである.

こうしたことから,売春女性たちの中には,自分たちの人権を守るために,売春行為の違法性を否定し,労働行為として社会的に承認させていこうという論(セックス・ワーク論)が生まれてきている.売春行為は,社会の正当な性規範

からは逸脱しているとしても，当の売春女性たち自身以外には，誰も「侵害」しない．近代社会において，自分の身体は自分のものとされている．また労働力の商品化を前提とする現代社会において，ほとんどの人が自分の身体を使ってお金を稼いでいる．そうであるのなら，なぜ売春行為のみが違法とされなければならないのか？　もし，売春が「悲惨」なものであるのなら，それは売春行為そのものが「悲惨」だからではなく，売春行為が違法とされ，その結果売春女性を苦しめる社会的環境が作られてしまっているからではないか？　そうだとすれば，そうした「悲惨」を無くすためには，売春行為を違法行為とするのではなく，売春女性を苦しめる社会的環境をこそ改善するべきではないか？　セックス・ワーク論は，このような主張を行うことで，買売春をとりまく社会通念自体の矛盾をあばいたのである．

「性＝人格」論批判

またこうした主張に関連して，「性」を「人格」の中核に置く議論(「性＝人格」論)に対する批判も生まれている．「性交」などの性的行為を労働行為とみなす上でもっとも大きな理論上の障害は，「買売春行為自体が女性の人権を侵害する」という主張である．そうした主張の根拠となっているのが，「性」は「人格」の中枢であり，「人格」と切り離しえないという「性＝人格」論である．もし「性＝人格」論に立てば，「性」を売買することは「人格」の中核を売買することになり，到底許容されえないということになるからである．

この「性＝人格」論は，強制売春や性的虐待などの女性の身体に対する「性暴力」が，身体を侵害しているだけでなく女性の「人格」をも侵害しているという主張を生み出す上で，大きな役割を果たしてきた．また商業的代理出産など「生殖の商品化」が将来一般化することが予想されるなかで，それが女性(男性)の「人格の統合」を侵害するものだという主張を形成する上でも，重要な論点となりうると考えられる．

しかし他方において「性＝人格」論は，「性暴力」被害者や売春女性たちの「性」が侵害されたことをもって「人格」をも侵害されたとみなし，そのこと

によって「性暴力」被害者や売春女性の「人格」を貶（おとし）める働きもしてきたのではないか？　「性暴力」によって女性が「人格」にまで及ぶ精神的痛手を負うこともあろうが，負わなければならないということではないのではないか？　売春女性が，売春行為によって自分が「汚れて」しまったと感じるのは，「人格」が侵害されたからというよりも，「売春婦＝汚れた女」という，男性中心主義的な性意識を自ら受け入れてしまったためではないのか？　こうした「性＝人格」論をめぐる議論は，セックス・ワーク論とならんで，買売春をめぐる議論をより錯綜したものにしている．

労働行為か人権侵害か——グローバル化の中で

しかし，「性」を「人格」と切り離すことができる人がいるとしても，全ての人がそうできるわけではない．自由意思で「性」を商品化したとしても，その結果「人格」を侵害されたように感じる人もいるのだ．さらには，女性を人身売買によって拘束し，強制的に売春させて性的に搾取する場合もある．買売春の問題性は，本人が労働意思を持たなくても，女性の身体を性的欲望の充足のために利用できること，すなわち女性の身体を売買の対象としうるということにある．グローバル化する世界の中で，売る女性の人権を侵害しない「性の商品化」だけを見分けることができるのだろうか．見分けられないとするならば，「性の商品化」をセックス・ワーク論によって正当化してしまうことは，人権侵害問題を広範に生じさせてしまうかもしれないのである．

以上のように現代社会の「買売春」問題においては，女性の人権を守るという視点から，従来とは異なる議論が行われている．そしてそこでは従来の男女の性に関する規範や通念が厳しく問い直されているのである．

参考文献

江原由美子編『フェミニズムの主張』勁草書房，1992年
江原由美子編『フェミニズムの主張2 性の商品化』勁草書房，1995年
若尾典子『闇の中の女性の身体』学陽書房，1997年

タン・ダム・トゥルン，田中紀子・山下明子訳『売春——性労働の社会構造と国際経済』明石書店，1993年
フレデリック・デラコステ，プリシラ・アレキサンダー編，角田由紀子監訳『セックス・ワーク』パンドラ，1993年
原田瑠美子『少女たちと学ぶセクシュアル・ライツ』柘植書房新社，1997年
河野貴代美編『シリーズ女性と心理2 セクシュアリティをめぐって』新水社，1998年
日本性教育協会編『〈若者の性〉白書』小学館，2001年
いのうえせつこ『買春する男たち』新評論，1996年

13 ケアとジェンダー

山田昌弘

ケア（介護）の主たる担い手は，家族の内でも外でも，女性である．ケアと女性が結びついている理由を考察し，ケアにおけるジェンダー格差解消の方向性を探る．

1. ケア（介護）とジェンダー問題

ケアと介護

　ケアという言葉は，高齢者や乳児や病人，障害者など，自分では日常的生活が完全にはできない人に対する世話という意味で使われる．「介護」というと身体的世話だけというイメージがある．一方，ケアは，一般的な配慮や世話という意味で，心のケアという形でも使われる．ここでは，介護の問題は，単に身体的世話に限らないことを強調するために，ケアという言葉を介護とほぼ同一の意味で使うことにする．

　介護問題という場合，一般的には「高齢者介護」の問題を指す場合が多い．子どものケアは成人すれば通常は必要がなくなる．多くの病気は一時的なものであり，病気が長引くのは，多くは高齢者のケースである．ケアが必要な人の多くは，高齢者ということになる．

　そして，日本社会では，高齢者介護が女性に押しつけられてきた歴史がある．まず，高齢者介護の実情から，ジェンダー問題に接近してみよう．

高齢者介護の実情

　実際に，高齢者ケアは，ジェンダー格差が大きい．
　2000年に厚生労働省が，在宅高齢者介護世帯の大規模な調査を行った．性

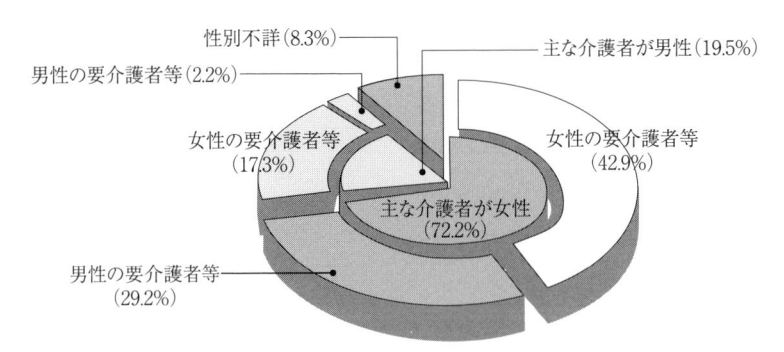

資料）厚生労働省「介護サービス世帯調査」2000年．
出典）内閣府編『平成14年版 高齢社会白書』2002年．

図13-1 要介護者等の性別にみた主な介護者と要介護者等の状況

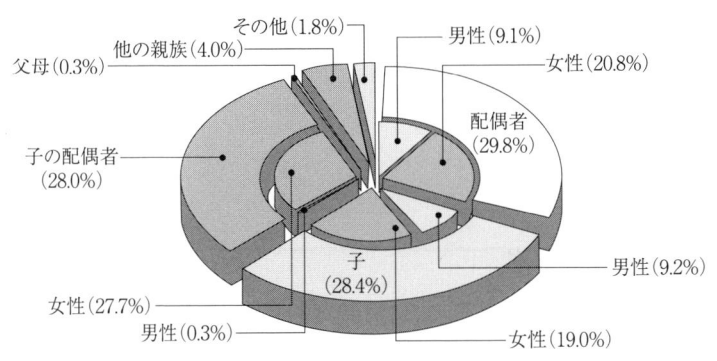

資料）厚生労働省「介護サービス世帯調査」2000年．
出典）内閣府編『平成14年版 高齢社会白書』2002年．

図13-2 要介護者等からみた主な介護者の続柄

別不詳が8.3％あるのは残念だが，要介護者の内訳は，女性が60.2％，男性が31.4％であり，女性は男性の約2倍となっている（図13-1，図13-2）．また，在宅の高齢者を世話する主な介護者のうち，72.2％が女性なのに対し，男性は19.5％にすぎない．つまり，在宅の要介護高齢者は女性が多く，介護者も圧倒的に女性が多い．このように高齢者介護の問題は，女性の問題といってもよい状況にある．

要介護高齢者に女性が多いのは，やはり平均寿命の差が大きい（男女差は，約

6歳ある)．また，医学的に，女性の内臓は男性の内臓に比べると強いといわれている．男性は，心臓などの疾患で突然亡くなる人が女性に比べて多いので，結果的に要介護高齢者は，女性の方が多くなるといわれている．

さらに，要介護施設に入所している高齢者も女性の方が多いし，施設の介護職員も女性が圧倒的に多い．したがって，要介護高齢者問題に関しては，一般に女性の関心，そして不安や不満が高い．

家族介護の矛盾

日本では，三世代同居の慣習が根強く残り，高齢者介護をするのは「嫁」であるという社会的通念がいまだに強く存在している．

家族社会学の歴史をみてみると，1950〜60年代には，家制度の名残である「嫁／姑」関係がかなり重要な問題として議論されていた．しかし，そこで問題にされていたのは，「嫁いじめ」などであり，介護の問題は表面化していなかった．当時の平均寿命は65歳程度であり，医療水準が低く，「寝たきり」が長期化することは少なかった．介護が大きな負担となるケースは少なかったため，家族ですべての世話を行っても，耐えられる水準であることが多かった．

平均寿命が延び，特に高齢者割合が10％を超え，日本が高齢化社会になると，高齢者介護の担い手が嫁に集中していることが問題になり始める．

日本人全員が等しく一定期間家族の介護をすることになっているなら，大きな問題にはならなかったに違いない．

高齢者が要介護状態になるかどうかは，事前には分からない．要介護者が何年その状態にいるかも，要介護の程度も，予測することが難しい．子どものケアならば，その年数や程度は概ね予測できる．しかし，高齢者の場合はそうはいかない．

家族のみで要介護高齢者のケアを負担することになれば，まず，介護負担がある家族とない家族の格差が大きくなる．要介護高齢者の負担が全くない家族もあれば，何十年間も重度の要介護高齢者の負担がのしかかる家族もある．また，家族の中でも，負担がある家族成員(主に女性)と，負担しなくてすんでい

る家族成員(主に男性)の間に大きな格差が存在する．

　従来，介護負担の格差による不満は，「愛情」という言葉で抑えられてきた．しかし，嫁と舅・姑という義理の家族関係では，愛情があるというのでは無理がある．誰に介護されたいかという調査でも，嫁よりも娘の方に期待する人がはるかに多くなってきている．現在では，図 13-2 にあるように，子の女性配偶者，つまり，嫁の介護の割合は 27.7% となり，娘が 19.0% となっている．ただ，いまだに介護は長男の嫁の役割であって，他の人にさせるのは恥であるという世間体意識が影響しているのは確かである．

　しかし，嫁が娘に代わっても，家族間の格差，男女間の格差の問題の解決になってはいない．嫁は，誰かの娘でもある．図 13-2 にあるように，息子や夫が介護者になるケースが増えてきたが，やはり，家族で介護している限り，家族の中の女性に負担がかかり，女性が負担を一方的に被るという構造は変わらないし，親の状況によって負担の格差が甚だしく変わる点も同じである．

介護の社会化とジェンダー

　高齢者介護は，予測不可能な「リスク」であるという認識が深まってきた．誰しも要介護状態になるリスクを持っている，ということは，家族の介護者になるリスクを持っていることになる．介護のリスクは，個人で負担するにはあまりにも重くなっている．そのため，リスクを社会全体で負担する仕組みを作ろうということで，介護保険制度が 2000 年に始まった．

　介護保険制度は，家族の負担を少なくし，家族間の公平を図ることが目的だが，家族での主たる介護者は女性が多いため，実質的に家族の中の女性の負担を軽くする制度だということができる．

　ただ，介護の社会化は，ジェンダー格差を必ずしも縮めるとは限らない．家族の中の女性の負担をなくしても，介護ヘルパーや施設の介護職員も，やはり女性がほとんどである．介護ヘルパー，福祉施設職員は，被雇用労働者であり，賃金をもらっている．対価のない，家事労働として行う立場とは異なっている．とはいえ，家族の中の女性の負担を，社会の中での女性の負担に置き換えたと

もいえる.

　介護労働者に女性が多い理由は，一つには，介護ヘルパーの賃金が安いという現実がある.「介護労働者には女性が多い→女性は家族の扶養負担がない人が多い→安い賃金でも人材が集まる→扶養負担がある男性は安い賃金では働けない」という回路で，男性の参入が妨げられているというロジックである.

　ヘルパーの賃金が比較的高いアメリカでは，男性の参入が相当進んでいることは確かである．しかし，賃金が高い看護師職でも，伝統的に女性が多い職種であることを考慮に入れると，ケア労働従事者に女性が多い別の理由があることを考察しなくてはならない．

2. ケア労働の特徴

感情労働としてのケア労働

　介護などケア労働が女性と結びつけられ，男性が介護者として避けられる二つの理由がある．一つは，ケアが「やさしさ」「思いやり」といったケアする人の感情状態と関連していること，もう一つは，ケアが身体的接触を含むということである．

　一般的に，ケアには，よいケアと悪いケアがあると考えられている．モノやお金には性別や表情がないので，女性が作ったものであろうが，男性が作ったものであろうが，その商品価値に差が出ることはない．

　しかし，一対一のサービス労働となると，事情が違ってくる．

　ジェンダー意識調査項目の一つとして，「女性の入れたお茶はおいしい」という意見に対する賛否を尋ねる質問がよく出される．すると，現代日本では，だいたい半数の人が，イエスと回答する．

　この質問にイエスと回答した人は，「一般的に女性の入れ方が上手であって，物理的においしいお茶が飲める」と感じているのか，それとも，女性が入れるというイメージがおいしいと感じさせるのか，という二つの解釈が可能である．私は，後者だと解釈している．

ケアというサービスは，相手の立場に立って考え，笑顔で，思いやりをもって接するのがよいサービスとして望まれる．機械的に，ぶすっとした顔で，ぞんざいに扱われると，やはりケアされる側に不快感を与えてしまう．たとえ，「体がきれいになる」「食事が出される」といった物理的効果において同じであっても，サービスの受け手の感じ方が異なれば，そのケアが生み出す価値は，たいへん違ったものになる．

　アメリカの社会学者アーリー・ホックシールドは，相手を心地よくさせるために，心から相手の気持ちを考えるように努力することは一つの「感情労働」だと述べた．ホックシールドが指摘するように，この感情労働は，従来の女性らしさ，すなわち，相手のことを考えてサポートする性格と関係している．

　つまり，従来女性が身につけるべきとされる性格を持つことが，よい感情労働，ひいては，よいケアの条件ということになる．現在のところ，女性は，成長過程でジェンダー化されて，そのような性格を身につける人が多く，男性は身につけないで大人になる人が多い．それゆえ，女性がケアの担い手として適している構造が生み出される．

　もちろん，男性も思いやりをもって接することを成長過程で学習する機会を持てば，男性でも「よいケア」の担い手となれる．男性の失業率も上昇している現在，男性も感情労働を行って，仕事に就ける機会を増やせば，男女のケアの担い手の格差は縮まるであろう．

ケアの身体性

　次に，ケアする側の問題だけではなく，ケアされる側の意識に注目してみよう．意識調査をしてみると，要介護者の側で，男性のケアを避ける傾向が見出される．

　ケアには，下の世話をする，体を拭くなど，身体的接触が含まれる．ケアされる人からみれば，裸の体をみられたり，触られたりすることである．そこで，どうしても「恥ずかしさ」という感情が生じてしまい，その感じ方が男性がケアする人である場合と，女性がケアする人である場合で異なっている．

表 13-1 介護意識

(a) あなたが老後,もしも「寝たきり」になって,介護が必要になったとき,体を拭くなど世話をしてくれる人が次の人だったら,抵抗を感じると思うかどうか.

世話をしてくれる人	性別	かなり抵抗を感じる	多少抵抗を感じる	抵抗は感じない
ア 配偶者	男性	5.1	7.1	87.8
	女性	5.0	25.6	69.4
イ 息子	男性	13.5	39.3	47.2
	女性	26.1	46.2	27.7
ウ 娘	男性	12.1	39.6	48.4
	女性	3.7	28.4	67.9
エ 息子の妻(嫁)	男性	37.9	48.3	13.8
	女性	36.4	42.4	21.2
オ 娘の夫(婿)	男性	52.2	41.1	6.7
	女性	77.1	18.3	4.6
カ 同性の友人	男性	52.6	42.1	5.3
	女性	27.6	49.6	22.8
キ 異性の友人	男性	54.3	37.2	8.5
	女性	80.2	17.4	2.5
ク 若い(20歳代の)男性介護士	男性	15.5	32.0	52.6
	女性	50.4	35.2	14.4
ケ 中年(50歳代の)男性介護士	男性	14.4	33.0	52.6
	女性	46.8	38.7	14.5
コ 若い(20歳代の)女性介護士	男性	16.5	27.8	55.7
	女性	4.0	35.7	60.3
サ 中年(50歳代の)女性介護士	男性	9.3	27.8	62.9
	女性	2.4	27.8	69.8

(b) あなたが入院して看護が必要なとき,体を拭くなど,日常的に看護してもらう人(看護婦,看護士)が次のタイプの人だった場合,どのように感じますか.

①好ましい ②なんとも感じない ③不愉快

	男性			女性		
	①	②	③	①	②	③
ア) 若い(20歳代の)男性看護士	15.5	61.9	22.7	3.3	18.5	78.1
イ) 中年(50歳代の)男性看護士	8.3	67.0	24.7	1.7	15.1	83.2
ウ) 若い(20歳代の)女性看護婦	46.4	39.2	14.4	54.6	38.7	6.7
エ) 中年(50歳代の)女性看護婦	39.2	55.7	5.2	69.2	25.8	5.0

注) 名称(看護士,看護婦)は当時のもの.
資料) 山田昌弘「身体的コミュニケーションの実証研究」文部省科学研究費報告書,1996年.

よく，女性の中には，「男の人は，男性よりも女性にケアされる方が恥ずかしいと感じる」のではないかと思っている人が多い．女性は，男性よりも同性である女性のケアを好むことは説明できるが，男性も，男性よりも女性のケアを好む傾向がみられる．同じ立場の人にケアされるなら，男性も女性も，男性より女性のケアを好む．例えば，息子よりも娘，男性ヘルパーよりも女性ヘルパーが好まれる．

ケアには，やさしく体を触るという行為が含まれる．それは，性行為を連想させてしまう行動である．その性行為という連想をうち消す意識が必要なのだが，それが今の社会では，男性では難しく，女性では容易になっている．

男性は，セックスの時にしかやさしく体を触るという習慣がないと思われている．だから，よいケアをしようとすると，受け手に恥ずかしさを生じさせてしまう．また，男性はもともと，ポルノグラフィーをみるなど性的関心が強いと思われている．たとえ，当事者の男性に全く性的関心がないとしても，「男性が裸をみる」という状況が，そのような関心があるという「疑い」を生じさせてしまうのだ．

表13-1の中で，女性は，夫からの介護は抵抗なく受け入れる人が多い．実際のケースでも，図13-2をみれば分かるように，夫が介護をしているケースが多い．夫婦は，もともと体をみせ合い，やさしく触る関係ゆえに，介護されることに抵抗が少ない．介護側に性的関心があったとしてもかまわない関係だからである．

一方，女性は，性的関心なしにやさしく触ることができる存在だと思われている．それは，女性がもともと「子どもをケアする存在」だと一般に思われていることによる．子どもをケアすることは，性的関心なしに，やさしく触ったり，おむつを替えたりする行為を含んでいる．

つまり，女性のケアは，子どもに対するように，性的関心なしにケアができるというイメージを生み，恥ずかしさを生じさせないという利点がある．

3. ジェンダー差を乗り越えることができるのか？

心の世話と体の世話を分離できるのか？

　高齢化社会が進展して，男性は介護できないなどとは，言ってはいられない時代になっている．少子化や未婚化も進んでおり，家族の中で，介護できる人が男性だけという状況も多くなっている．さらに，家族の外でも，男性介護士や看護師も増やさなければ，数が足りないという状況になってくる．男性を介護の担い手から排除していたのでは，介護が社会的にもたない．

　そこで，ケアは心のこもったサービスであるべきか，それとも，機械的な作業なのかという問いが，改めて問題になってくる．

　ケアは，体を洗ったり，下の世話をしたりするだけという機械的作業であるといってしまえれば，ロボットなど機械的な補助手段による代替が将来的には可能であろうし，男性がまるでロボットであるかのように機械的にケアを行えば，女性が男性の介護を受けることも抵抗がなくなるだろう．ただ，そのようなケアを人々が望むとは思えない．

　ケアは，相手の話を聞きながら行ったり，やさしい声をかけたりというサービスも含むし，そのような「心のこもった」ケアこそが，良質のケアとして，人々に望まれる(三井，2002参照)．すると，今のジェンダー感情を前提とすれば，女性のケアが多くなってしまう．男性は男性を介護し，女性が女性を介護すればバランスがとれるという議論もあるが，むしろ，ジェンダーの差異を強化することにもつながる．そして，男性も女性の「心のこもった介護」を好むという傾向がある限り，男女差は残る．

　身体感覚や，恥ずかしいといったジェンダーに関わる感情レベルの変革が必要になっている．例えば，男性も女性も子どもの頃から心のこもったケアを，大人の男性から受ける習慣を身につける，つまり，父親が子どもにやさしさをもってケアする習慣が根づけば，事態は変わるに違いない．ここでも，性役割分業の平等化が鍵になっている．

参考文献

春日キスヨ『介護とジェンダー』家族社，1997年
春日キスヨ『介護問題の社会学』岩波書店，2001年
三井さよ「ケア過程におけるニーズの二面性」，『年報社会学論集』関東社会学会，
　　2002年
内閣府編『平成14年版 高齢社会白書』ぎょうせい，2002年
山田昌弘「福祉とジェンダー」，『家族研究年報』No. 17，家族問題研究会，1992年
山田昌弘『家族のリストラクチュアリング』新曜社，1999年

14　セラピーとジェンダー

山田昌弘

　近年,「心の悩み」が問題になり,心理療法(セラピー)に関心が集まっている.その中で,従来のセラピーが男性中心主義であるという批判を受けて,「女性による,女性のための,女性の」心理療法である「フェミニスト・セラピー」が盛んになってきた.本章では,心の悩みやセラピーの現場におけるジェンダー問題を考察する.

1. セラピーとジェンダー

心の問題への関心

　近年,心の悩みについての関心が高まっている.戦後から経済の高度成長期にかけては,多くの人が経済的に豊かな生活を築くことを望んでいた.現実に,現代日本では,一人当たりのGDPでは世界のトップクラスとなり,快適な生活を多くの人が享受できるようになった.

　しかし,経済的に豊かになったからといって,悩みがなくなるわけではない.経済的問題が背景に退けば,かえって心の問題に関心が集まっていく.

　例えば,1990年代以降,少年犯罪が増えているとの指摘があるが,少年犯罪の発生数自体は,まだ貧困が深刻であった1960年代の方が多かった.近年,動機が一般に理解しにくい事件が多く報道されるために,少年犯罪が増加しているような印象が持たれている.「社会的ひきこもり」や「摂食障害」など,成長過程にある子どもや若者の心理的問題も注目され始めている.また,子どもの虐待や,11章で触れたようにドメスティック・バイオレンスなども,生活苦が原因で生じるケースも多いが,経済的に不自由のない家庭でも起きていることが知られている.

今日，経済的には豊かであっても，心理的に生きにくい時代になったといっても過言ではない．その中で，「心理療法」(サイコ・セラピー) に関心が集まっている．

心の悩みに対処する技法，これを総称して，サイコ・セラピー，略してセラピー，訳せば「心理療法」という．セラピーといっても，様々なものが含まれる．訓練を受けた専門家(精神科医や臨床心理士など)が行うものもあれば，専門教育を受けていない人々が行う人生相談や，宗教的信条によって行うものもある．一対一で対面して行うものから，集団で行うもの，電話で行うものもあり，技法としては，伝統的な精神分析療法から，音楽療法や箱庭療法，ペット療法というものもある．

セラピーが浸透するにつれ，セラピーの内容を勘違いする人も増えてきた．セラピーを受けさえすれば幸せになれるといった誤解も増えている．スイスの精神分析学の大家カール・ユングは，「心理療法の最後の目的は，患者をあり得ない幸せな状態にすることではなく，彼に苦悩に耐えさせる強さを可能にさせることである」(霜山, 1989参照)というフレーズを残している．セラピーは，単に人々を癒すだけではなく，生きていく強さをもたらす(エンパワーする)ことを主眼としていることを念頭に置く必要がある．

セラピーのジェンダー視点からの見直し

近年，ジェンダーの視点から従来のセラピーの内容や技法，理論を見直してみようとする動きがある．

一つは，従来のセラピーが様々な意味で男性中心主義であったという批判である．従来のセラピーは，女性をエンパワーするどころか，女性を抑圧することに手を貸していたのではないかという疑問から，フェミニスト・セラピーという女性を真にエンパワーしようとする心理療法が生まれてくる．

もう一つは，「心の問題」の現れ方に，明らかにジェンダー差があるという問題である．例えば，社会的ひきこもりや中高年の自殺は男性に多く，摂食障害は女性に多い．本章では，現代社会のジェンダーのあり方から生じる問題点

が，両性の異なった生きにくさを形成しているプロセスを考察していく．

2. 従来のセラピーの男性中心主義

フロイトの精神分析学への批判

約100年前に，オーストリアの医師ジグムント・フロイトが精神分析を始め，患者の精神状態を分析して，その隠れた意味や欲求を探り出し，患者を「正常な状態」に復帰させるという，セラピーの基本が定まった．

そのフロイトの精神分析理論，および，技法を始めとして，伝統的なセラピーが男性中心主義ではないかという批判が，その技法と理論双方に対してなされるようになった．

一つは，治療の実際にあたっての批判である．

フロイトは男性であったし，精神分析医は，今でも男性であることが多い．ここで，治療する人をセラピスト，セラピーを受ける人をクライアントと呼んでおく．

性別の組み合わせとしては，セラピストもクライアントも男性という組み合わせもあるが，問題になるのは，「男性：セラピスト，女性：クライアント」という組み合わせである．そこでは，日常的な男女間の権力関係，つまり，男性が指導する人，女性が指導される人というステレオタイプが，セラピストとクライアントの関係にも持ち込まれてくる．

通常の治療場面では，男性セラピストが女性クライアントの精神状態を診察し，病名をつけ，治療法を指示するという「上下関係」が成立してしまう．

治療プロセスの中で，フロイトは，クライアントの「転移」という概念を重要視している．治療過程で，クライアントがセラピストに好感情を投影，つまりは，好きになってしまう事態である．フロイトは，転移現象をみつけだし，それはクライアントが治る過程で必要なプロセスであり，一時的なものだから，現実の恋愛関係になってはいけないと戒めている．

戒めているということは，現実に恋愛関係がセラピストとクライアントの間

で生じることがよくあるということである．実際に，治療過程では，自分の話を聞いてくれるセラピストは，理想的な男性にみえることが多い．その結果，誘惑に抗しきれず，クライアントと性的関係を結んだりすることは現実に起こっていた．これも，一種のセクシュアル・ハラスメントとみることもできる．もちろん，「本当の恋愛感情」と「治療過程で一時的に生じた恋愛感情」を厳格に区別することは不可能である．フェミニスト・セラピー運動が起きたとき，アメリカで，セラピストとクライアントの間に起きた性的関係の事実を集め，実際に損害賠償を請求するという事件も起きた．

　セラピーの内容にも，批判が加えられた．フェミニスト・セラピー登場前には，伝統的な女性イメージにおさまらないクライアントに，病気というレッテルを貼ることも行われていた．例えば，男性は性欲があることを表明しても異常だと思われないのに，女性が性欲があると示唆しただけで，治療の対象であると診断された．これは，男女別の基準が使われているという意味で，セラピーにもダブルスタンダードが適応されてきたといえる．

　フロイトの女性に関する理論は，男性の立場からみた女性像ではないかということも明らかになっている．また，いわゆる「ヒステリー症状」は，女性特有の症状といわれていたが，これも，女性が置かれた社会的状況が作り出しているものではないかと批判されている．

3. フェミニスト・セラピーの誕生

「名前のない問題」の発見

　第二波フェミニズムの影響を受け，フェミニスト・セラピーが誕生するのは，1960年代後半といわれている．

　日本におけるフェミニスト・セラピーの草分けである河野貴代美によると，1963年にアメリカで出版された，ベティー・フリーダンの『女らしさの神話』（邦訳『新しい女性の創造』大和書房，1965年）の影響が強かったと述べる．フリーダンは，経済的に何不自由ない専業主婦の女性が，焦燥感やイライラに悩まさ

れる状況を取材して，それに「名前のない問題」(unnamed problem．「得体のしれない悩み」とも訳される)と名づけた．

これらの悩みは，従来の男性中心主義的セラピーでは対処できない悩みであり，大したことはないとされるか，経済的に恵まれているのに悩みを持つのはおかしいという形で切り捨てられていた．

そのような悩みを持つ彼女たちが，第二波フェミニズムに出会うと，悩みが吹き飛んで，元気になっていったという事実がみられた．それは，得体のしれない悩みの原因が，女性の社会的抑圧であると気づいたからだといわれている．

フェミニズム運動は，「悩みを感じているのはあなただけではない」「あなたのせいではない，社会的抑圧のせいである」というメッセージを送った．それは従来の男性中心主義的セラピーよりも，彼女たちの悩みの解決にとってはるかに効果があったともいわれている．

そこで，1960年代後半に始まったフェミニスト・セラピーでは，「アサーティブ・トレーニング」という自己主張をすることの訓練に主眼が置かれていた．従来，女性は，男性の言いなりで自己主張をしてこなかった．だから，やりたいことはやりたい，イヤなときはイヤと言える「自己主張のできる女性」を目指すことが，トレーニングの中心に置かれた．

つまり，1970年代のフェミニスト・セラピーは，主婦の役割に飽き足らない女性，性的に活発な女性，職場で活躍したいと思っている女性など，それまでの女性役割からはみ出した女性をサポートするという傾向が強かったといえる．

1980年代の変化

確かに，自己主張トレーニングは，社会進出を目指して悩んでいた女性には有効だった．しかし，女性の悩みは，それに尽きるものではない．

フェミニスト・セラピストである平川和子によると，1980年頃から，フェミニスト・セラピーもアメリカで変化しはじめ，自己主張トレーニングだけでなく，様々な技法が生まれてきたという．特に，自己評価が低かったり，生き

にくさが生存のレベルまで達しているといった人たちへの対応が，積極的になされるようになった．

　平川は，「近年のフェミニスト・セラピーの特徴は，①フェミニスト・イシューに名前をつけて物語る，②セルフ・ヘルプである，③クライアントとセラピストの対等な共感的関係をめざすことである」(平川，1999)と述べている．

　フェミニスト・イシューとは，今まで，女性であることによって引き起こされてきた特有の症状，例えば，育児ストレスとか妊娠不安，更年期障害(近年，男性にも更年期障害があると言われはじめている)，摂食障害，レイプ被害や虐待からくるトラウマ(PTSD)などである．これらの症状に名前を付けて，解決すべき問題だとはっきりと位置づけたことが，一つの成果である．先に述べたように，従来，これらのイシューは，男性中心主義のセラピーでは，些細で取り上げる必要もない悩みとみなされていた．

　フェミニスト・セラピーの第二，第三の特徴を合わせて示すと，平川によれば，「女性が女性を癒す」ことに集約されるという．

　よく，「シスターフッド」という言葉が使われる(10章参照)．似た境遇にある女性の友人同士が，悩みを語り合って，癒し合う．それが発展し，緩やかに組織化したものが，セルフ・ヘルプ・グループ(自助グループ)と呼ばれている．問題をかかえた女性同士が集まり，専門家の助言のもとに，お互いを元気づけていく(生きる強さを身につけさせる)ことが行われる．

　一対一のセラピーのケースでも，セラピストはしてあげる人，クライアントはしてもらう人という上下関係ではなく，対等な仲間として共感的な関係の中で治療をしようという方向が打ち出されている．

4. 新しいセラピーへの動き，男性性の問題，そして，関係性の問題へ

新しいセラピーへの動き

　このようなフェミニスト・セラピーの考え方や実践に呼応して，新しいセラ

ピーへの動きがアメリカを中心として生まれてきている(野口,2002).

そこでは,方法としてセルフ・ヘルプ・グループなどを活用したり,セラピストとクライアントの対等な関係を目指すという点で,フェミニスト・セラピーの向かう方向と一致している.

ただ,それらの新しいセラピーの試みは,アメリカにおいても,必ずしも主流になっているわけではない.従来型の治療をするセラピストも多く,権威的な考えを持っている人もいる.また,近年アメリカでは,悩みを訴えるクライアントに対しても,時間がかかるカウンセリングを行わず,抗鬱薬を簡単に使用してすまそうとする傾向があり,大きな懸念を持たれている.

ジェンダー役割の問題性

フェミニスト・セラピーの影響もあり,ジェンダーと心の悩みの相関関係に関心が集まっている.

その大きな成果が,アメリカにおける嗜癖(アディクション),そして共依存概念の形成である.これは,アルコール依存症の治療過程でみつかったものである.通常,何かに熱中してそれをやめることができず,それがないとイライラしてしまう状態を,嗜癖(○○中毒と訳す場合もある)という.嗜癖は,タバコや酒,パチンコなどに典型的に現れる.

アルコール依存症は,当初,アルコールという薬物に対する依存だと考えられていた.しかし,アルコールを飲んで暴力をふるう人のそばには,その人を世話することを生き甲斐にする人がいることが分かった.そして,アルコール依存症者と,世話をする人(イネイブラーと呼ぶ)は,お互いを精神的に必要な存在としていることが分かってきた.つまり,アルコール依存症者は,物理的な世話を受けるということでイネイブラーに依存し,イネイブラーは,私が世話しなければダメになるという形で自分の存在意義を確認しているという意味で,アルコール依存症者に依存しているのである.これを共依存という(野口,1996).

アルコール依存症者には男性が多く,イネイブラーには女性が多いのも,

「世話をするのが女性の生き甲斐」という女性役割が影響している．過度な女性役割への同一化が，女性の生きにくさを生み出すという視点が必要である．

男性が問題であるという視点

また，フェミニスト・セラピーは，従来の「男性的役割」自体を問題にすべきだという視点を生み出した．つまり，「男らしさ」を過度に身につけると，一種の強迫性を生み出し，男性の「生きにくさ」をもたらすというものである．4章で学んだように，現在，経済的責任を男性一人で果たすことが難しくなっている．その責任感によって男性は強迫的に仕事に追いつめられ，過労死や自殺につながっている可能性がある．

さらに，10章で学んだように，性的に積極的であることが男らしさの象徴であるがゆえに，性的な強迫性に男性は晒されている．その結果，レイプやセクシュアル・ハラスメントなどの犯罪を犯しやすくなっている．これらの傾向の予防，再発防止などのためにも，カウンセリングなどのセラピーの手法が有効である．

フェミニスト・セラピーや新しいセラピーの考え方，実践は，今までのジェンダーの枠では生きにくかった人々をエンパワーするヒントを含んでいるのである．

参考文献

ナンシー・チョドロウ，大塚光子・大内菅子訳『母親業の再生産』新曜社，1981年
クラウディア・ベプコ編，斎藤学訳『フェミニズムとアディクション』日本評論社，1997年
江原由美子・金井淑子編『フェミニズムの名著50』平凡社，2002年
河野貴代美「フェミニスト・セラピーの20年」，『神奈川大学評論』No. 29，1998年
シーラ・マクナミー，ケネス・ガーゲン編，野口裕二・野村直樹訳『ナラティヴ・セラピー』金剛出版，1997年
野口裕二『物語としてのケア』医学書院，2002年
野口裕二『アルコホリズムの社会学』日本評論社，1996年

平川和子「フェミニスト・セラピー」,小森康永・野村直樹・野口裕二編『ナラティヴ・セラピーの世界』日本評論社,1999年

霜山徳爾『素足の心理療法』みすず書房,1989年

15 ジェンダーと社会政策

江原由美子

　これまでみてきたように，現代社会では，男女平等という価値観をより実質的に実現するための様々な努力が行われている．またこうした動きに伴って，伝統的なジェンダーについての批判的意識が高まりつつあり，そのことがまた，多くの社会問題を生み出している．こうした状況において，国連などの国際社会や国・地方自治体などは，それぞれの立場でジェンダーに関連する社会政策を推し進めている．本章では，そうした政策について概観してみよう．

1．「女性政策」と「ジェンダーの主流化」

女性政策と女性問題

　女性政策という言葉がある．女性政策課を置いている自治体もある．しかし「女性政策って一体何？」「女性政策課って何をするところ？」などの疑問の声も少なくない．女性政策は，分かりにくい言葉なのである．

　女性政策とは，女性を対象とする政策なのではなく，女性問題を解決するための政策を意味する．女性問題とは，社会制度や社会通念によって，女性が社会的地位・生活状況・自己実現可能性などにおいて，男性に比較して相対的に不利になっているという問題である．したがって女性問題とは女性の問題なのではなく，より正確にいえば性差別問題である．性差別を生み出しているのは，私たちの社会自体なのであるから，それは当然社会成員全体に等しく関わる問題である．したがって「女性政策は男性には関係がない」というような認識は，全くの誤解に基づく認識ということになる．

「女性の意識啓発」から「ジェンダーの主流化」へ

　しかし,「女性政策」という言葉をこのような意味で使用することに対する合意が確立したのは,1990年代に入ってからのことであり,「女性政策」「女性行政」という言葉が使われ始めた時には,このことが十分認識されていたわけではなかった.

　自治体に女性政策課が置かれるなど,「女性政策」という言葉が使用され始めたのは1980年代である. 日本政府は, 1975年の国連国際婦人年, 1979年の国連総会での女子差別撤廃条約の採択などを受けて,従来の性役割分業を前提とする政策から,性役割分業を撤廃する方向での男女平等の実現に向けて,大きく政策を転換させた(次節参照のこと). こうした政府の動きと,市民の側の働きかけから,自治体にも,男女平等の実現という課題に取り組む姿勢が生まれた. しかしこうした動きの中で策定された計画や施策は,女性や子どもを対象とした施策が主であった.「女性政策」や「女性行政」という言葉は,このような計画や施策を表すために,行政の担い手によって使われるようになった言葉であり,そこでは実際には「女性を対象とした意識啓発活動を中心とする施策」しか含意しないような言葉の使い方も多かったのである.

　しかし既にみたように,男女の不平等は,女性の意識のみを主要な原因としているわけではなく,社会の全ての領域の制度に深くジェンダーが組み込まれていることが原因となっている. それゆえ,意識啓発活動だけ,ましてや女性を主要な対象とする意識啓発活動だけを行ったとしても,問題の解決を望むことは,ほとんど不可能である. また近年では,男性問題を課題とする運動や主張も活発化しており,女性問題という言葉で男女不平等問題あるいは性差別問題を全て包括的に含意できるかどうか,疑問の声も少なくない. こうしたことから, 1990年代に入って,「女性向け施策」という意味での「女性政策」という言葉の使用に対しては,強い批判が寄せられるようになった.

　他方, 1995年の第4回世界女性会議(北京会議)の行動綱領においては,主として女性の多様性を明確化するという認識に基づいて,「女性」「男性」という

性別を含意する言葉で問題を語るのではなく,「ジェンダー」という社会的・文化的に形成された通念や制度を含意する言葉を使用して問題を語るような方向に,記述のしかたが変化している．また,「あらゆる政策や施策にジェンダーの視角を主流化し,決定が行われる前段階で,女性と男性それぞれへの効果を分析する」ことの必要性,すなわち「ジェンダーの主流化戦略」の重要性が,繰り返し強調されている．これらの北京会議の行動綱領の記述に沿う形で,「女性政策」を,男女双方を対象とし,意識啓発だけではなくて,社会システムや社会制度全ての見直しと,ジェンダー分析に基づく施策や計画の策定の意味で使用するような使い方が,明確化されてきたのである．また以上の理由から,「女性政策」という言葉の使用自体をやめて,「男女平等推進政策」や「ジェンダー政策」という言葉を使用するような動きも起きている．また男女共同参画社会基本法制定(1999年)に伴って,男女共同参画社会推進政策などの言葉を使用することも多くなっている．本章では,以上のようなこれまでの「女性政策」という言葉に対する議論を踏まえて,男女平等や男女共同参画の実現のためになされる政策一般を,「ジェンダー政策」と呼ぶことにする．

2. 国際社会の取り組み

国連は1946年に,経済社会理事会の一つとして「国連婦人の地位委員会」を発足させた．この委員会はこれまで,「女性の参政権に関する条約」「女子差別撤廃条約」を起草するなど,国連の女性の地位向上を目指す取り組みにおいて,中核的な役割を担ってきた．こうした委員会の活動などによって,国連は,条約の提案・採択や国際会議の開催など,男女平等に関する国際社会での世論や合意の形成と,それを通じての世界各国のジェンダー政策に,大きな影響を与えている．

特に,1979年に国連総会で採択された女子差別撤廃条約は,「固定化された性役割分業の変革」を男女平等の新しい理念として提起し,世界各国に大きな影響を与えた．日本社会においても,この条約の批准(1985年)によって,「男

女を区別することは差別ではない」といった従来の男女平等についての政府の考え方が変わり,「固定化された性役割分業を変革」するようなジェンダー政策が打ち出されるなど,大きな変化が生じている.

また国連は,1975年,1980年,1985年,1995年の,これまで計4回開かれた世界女性会議を開催する上で,中心的役割を果たしてきた.これらの会議では,「貧困と女性」「開発と女性」「女性に対する暴力」など,男女平等を実現する上での様々な課題が提起されている.また1990年代に入ると,国際会議において果たすNGO団体の役割への認識が高まり,政府間会議だけではなく,NGO会議やワークショップも同時開催されるようになった.こうした世界各国のNGOの交流もまた,各国におけるジェンダー政策に影響を与えている.

3. 日本政府のジェンダー政策
   ——「男女共同参画社会基本法」を中心に

日本政府は,1975年の国際婦人年世界女性会議で採択された「世界行動計画」を受け,1977年に最初の「国内行動計画」を策定した.国連の女子差別撤廃条約の調印・批准は,男女雇用機会均等法の制定(1985年)や,家庭科男女共修の実現,国籍法改正など,日本政府のジェンダー政策に転換をもたらした.その後においても,日本政府は,国連のジェンダー政策の新たな展開に従って,「2000年に向けての新国内行動計画」(1985年の第3回世界女性会議〔ナイロビ会議〕におけるナイロビ将来戦略に対応する国内行動計画),「男女共同参画2000年プラン」(第4回北京会議における「行動綱領」に対応する国内行動計画)など,国としてのジェンダー政策を策定している.

特に,「男女共同参画2000年プラン」(1996年)は,「男女が社会の対等な構成員として,自らの意思によって社会のあらゆる分野における活動に参画する機会が確保され,もって男女が均等に,政治的・経済的・社会的・文化的利益を享受することができ,かつ共に責任を担うべき社会」である男女共同参画社会

の実現を政府の施策としてうたっており，従来の「女性向け」に限定されがちであった政策を，「性別による偏りのない社会システムの構築」にまで拡大した点において，画期的であった．1999年には，男女共同参画社会基本法が制定・施行され，男女共同参画社会の形成という基本理念や，その実現に向けての国・自治体・国民の責務が定められた．この基本法の施行に伴い，政府・都道府県に，男女共同参画基本計画を策定する義務(市町村は努力義務)が課せられるようになった．

4. 自治体のジェンダー政策

以上のような国の取り組みは，自治体に影響を与えた．東京都や大阪府では，1976年に女性問題の専管担当窓口が設置された．また1978年には，東京都が「婦人問題解決のための東京都行動計画」を策定・発表し，1980年には大阪府，1982年には神奈川県など，その後も多くの自治体が行動計画や女性プランを策定・発表した．さらに市町村においても，多くの自治体が行動計画や女性プランを策定した(これらの行動計画やプランは，1999年の男女共同参画社会基本法施行によって義務化された基本計画と，整合化された)．

自治体のジェンダー政策で特に重要なのは，いわゆる「女性センター」の設立である．1980年代から1990年代，各自治体は相次いで「女性センター」を設立した(2008年現在，全国559施設)．こうした「女性センター」は，地域の女性問題・男性問題に関する地域住民男女の交流の場として，またそうした活動を展開するNGO団体の活動・交流の場として，また様々な問題を抱えた女性たちの相談・支援施設として，女性問題・男性問題についての意識啓発活動の場として，あるいはその地域社会における女性問題・男性問題についての研究の場としてなど，女性問題・男性問題に関連する多様な地域活動の中心的拠点となった．そしてそのことによって，「女性センター」は，男女住民・NGO団体・行政職員・専門家・ジャーナリストなど多様な社会的主体の間に，ジェンダー問題に関連する意見交流を生み出し，また相互のゆるやかなネットワー

クをも形成することになった．こうしたネットワークが，地域のジェンダー問題に関する世論形成やジェンダー政策推進に果たした役割は，非常に大きなものがある．

また男女共同参画社会基本法の制定後，自治体の中には，地域の特性に応じた男女共同参画施策を推進するために，その根拠となる条例を制定する動きが強まり，各地で条例化が進んでいる．

5. 男女共同参画社会の形成とジェンダー

以上のように，現代日本における政府や自治体のジェンダー政策は，国際社会の動向や地域住民の具体的な生活状況の動向にも関連する，非常に複合的・総合的な政策となってきている．こうしたジェンダー政策が，女性問題や男性問題などのジェンダー問題の解決に果たす役割は，非常に大きいと考えられる．

しかも，日本社会においては，日本型企業社会の行きづまりや少子高齢社会の到来などによって，ジェンダー政策の意義はますます高まっている．子どもの数の減少という問題の背後にある母親まかせの育児の是正，労働力人口の減少に伴う既婚女子労働力への期待，既婚女子労働力への期待の増大に伴う従来の世帯単位の税制への見直しの必要性，要介護高齢者の増大による介護問題の社会問題化，年金財政の破綻による従来の年金制度の見直し，家意識の変革，終身雇用制・年功序列型賃金体系の崩壊と「片働き」を前提とする労働のあり方の見直しの必要性などにより，従来の性役割分業型の男女のあり方はもはや許容されなくなってきている．社会を変革する必要性は，待ったなしに差し迫っている．

けれども，他方で，これまでの章でみてきたように，ジェンダーは生活のあらゆる領域にまで行き渡っている．そしてそれは，人々の感情や信念のかなり深い部分に根を張っている．したがって，こうした感情や信念の中には，必ずしも性役割分業の撤廃や男女共同参画社会の実現などのジェンダー政策と一致

しない，それと齟齬をきたすような感情や信念もあると思われる[1]．例えば，職場における女性差別の払拭に一般論としては賛成しても，経済環境の悪化の中で現実に賃金カットやリストラが襲ってきた時には「女性は男性とは違って大黒柱ではないのだから」などと，男女間の待遇の格差を是認する発言をしてしまう人もいるかもしれない．あるいは子育てと両立できる職場の形成に総論としては賛成でも，実際に育児休業をとっている人をみると「こんなに厳しい状況の中で育児休業をとるなんて」などと，両立支援を否定するような感情を持ってしまう人もいるかもしれない．なぜならば，「家族を路頭に迷わせるような男は男として失格」とか「私生活を全てなげうって全力で尽くしてこそ仕事をしているといえるのだ」などの（ジェンダーに関連した）感情や信念は，個人の心の中のかなり奥深くに根差しており，急にはなかなか変えにくいものだからである．

しかし，たとえそうした感情や信念がどんなに変えにくいものだとしても，それにもかかわらず私たちは今，このジェンダーの問題に，真正面から向き合うことを，要請されている．たとえこうした問題が，生き方や家族のあり方など，私たちが依拠している感情や信念自体を問い直すことを迫ってくるとしても，私たちは今，それを真っ向から受け止めなければならないのである．

参考文献
村松安子・村松泰子編『エンパワーメントの女性学』有斐閣，1995年
男女共同参画推進本部『男女共同参画2000年プラン』1996年
グループみこし『自治体の女性政策と女性問題講座』学陽書房，1994年
横浜市女性協会編，矢澤澄子監修『女性問題キーワード111』ドメス出版，1997年

---

1) 近年，自治体の条例制定などの際に，固定的性役割の維持を正当化するために生物学的な男女の違いを強調する主張等が，目立ってきている．これらの主張の中には，ジェンダーに対し「生物学的性差の存在を否定する概念」という定義を与えその使用を禁止する主張など，国際社会において形成されてきたジェンダー政策に関する共通認識とはかけ離れた主張も，一部含まれている．社会変動によって日本社会のジェンダー構造に大きな変化が求められている今日では，このような主張が今後一層強くなる可能性もある．日本社会を国際社会から孤立させないためにも，感情的な議論に終始するのではなく，広い視野から十分な情報を収集し政策検討を行うことが，より強く求められているといえよう．

横山文野『戦後日本の女性政策』勁草書房, 2002年
大沢真理『男女共同参画社会をつくる』NHK出版, 2002年
木村涼子編『ジェンダー・フリー・トラブル』白澤社, 2005年
若桑みどり他編『〈ジェンダー〉の危機を超える！』青弓社, 2006年

人名索引

伊藤公雄　32
落合恵美子　50
河野貴代美　155
カンシアン，フランチェスカ (Cancian, Francesca M.)　117
ギデンズ，アンソニー (Giddens, Anthony)　117
セジウィック，イヴ (Sedgwick, Eve K.)　115
チョドロウ，ナンシー (Chodorow, Nancy)　34
バダンテール，エリザベート (Badinter, Elisabeth)　35
バトラー，ジュディス (Butler, Judith)　5, 15

平川和子　156
フリーダン，ベティ (Friedan, Betty)　155
フロイト，ジグムント (Freud, Sigmund)　15, 154
ボーヴォワール，シモーヌ・ド (Beauvoir, Simone de)　21, 27, 34
ホックシールド，アーリー (Hochshild, Arlie R.)　147
ホーナイ，カレン (Horney, Karen)　118
ユング，カール (Jung, Carl G.)　153
ライシュ，ロバート (Reich, Robert B.)　100

事項索引

あ行

愛情の女性化　117
愛情の役割分業　114
愛情表現　44
アイデンティティ　44
アサーティブ・トレーニング　156
新しい生殖技術　77
アディクション　158
アルコール依存症　158
アンペイド・ワーク　43
育児休業法　90
育児時間　86
　　父親の——　86
育児責任　2

育児ノイローゼ　83-84
育児不安　83
遺族厚生年金　109
NGO　164
エンゼルプラン　56
男らしさ　25-26, 33
女写し　10
女らしさ　22-23, 26, 33

か行

介護　142
　　——保険制度　145
　　家族——　144
　　高齢者——　142
家業　48

家事労働　43
家族責任　2, 36-37, 95-96, 99
家族の経済的責任　36-37
家庭科男女共修　164
家庭内離婚　116
カミングアウト　17
感情労働　146
近代国民国家　39
クライアント　154
軍事　40
　　――化　40-41
　　社会的・文化的――化　40
ケア　142
ゲイ解放運動　17
経口避妊薬　74
合計特殊出生率　59
公的生活　39
高度成長期の家族　49
国際婦人年　162
国籍法改正　164
国内行動計画　164
国民化　39-40
国連婦人の地位委員会　163
コース別人事制度　99
子ども虐待　84

さ行

サラリーマン　45
三歳児神話　88
ジェンダー　1, 3, 5-6, 163
　　――化　21, 39, 41
　　――・スタディーズ　7
　　――政策　163-166
　　――の主流化　161, 163
　　――問題　165
　　教育における――の格差　28
自助グループ　157
シスターフッド　116, 157

施設内出産　76
児童買春・児童ポルノ処罰法　135
児童虐待防止法　84
嗜癖　158
社会保障　108
主婦のパート化　53
少子化　56
少子高齢社会　166
女子差別撤廃条約　162-164
女性性　22-23
女性政策　161-163
女性センター　165
女性に対する暴力　123-124
女性兵士　41
女性問題　161, 165
女性労働力率　51, 59, 93-94
人格主義　137
人工妊娠中絶　73
　　――の合法化　74
人身売買　133, 137
親密性　113
心理療法　153
ストーカー規制法　130
する性　34
性アイデンティティ　13
「性＝人格」論　139
性解放　134
性規範のダブルスタンダード　128, 138
性差　23
　　「感情レベル」の――　65
性差別問題　161
性自認　13
生殖医療技術　72
性染色体　12
性的関心　149
性的強迫性　119
性的攻撃性　119
性的魅力　63

索　引 —— 171

性同一性障害　14-15
性の商品化　133, 135
性別　3
　　社会的・文化的——　3
　　身体的——　11
　　生物学的——　3
性変　12
性役割　2, 20-22
　　——分業　42, 62, 162, 166
　　——分業社会　93
　　身体化した——分業　62
世界女性会議　123, 162, 164
世界人権会議　123
セクシュアリティ　13, 117, 123
セクシュアル・ハラスメント　123, 126, 129
セックス　3-5
セックスレス　121
セックス・ワーク論　138
セラピー　152
セラピスト　154
セルフ・ヘルプ・グループ　157
専業主婦　1-2, 45-55, 60

た行

第一波フェミニズム運動　2
体外受精・胚移植　77
第三号被保険者制度　109
第三の性　9
対象関係理論　15
第二波フェミニズム（運動）　1-4, 7, 20
代理出産　79
他者としての女性　27
堕胎罪　73
単純定型労働者　101
男女間賃金格差　96
男女共同参画基本計画　165
男女共同参画社会　166
　　——基本法　163-166
　　——推進政策　163
男女共同参画 2000 年プラン　164
男女雇用機会均等法　99, 127, 164
男女平等　161
　　——推進政策　163
　　実質的な——　2
男性学　30
男性性　23
徴兵制　41
賃労働　43
である性　34
DV 法　125
貞操観念　138
同性愛　16
ドメスティック・バイオレンス　123-124, 129, 152

な行

名前のない問題　156
日本型企業社会　96, 166
日本型雇用慣行　93, 95
ニュー・エコノミー　53, 100
二流市民　41
「人間＝男性」規則　27
能力主義　102

は行

売春防止法　133
買売春　132-133, 135
　　「女性の人権」の侵害としての——　136
パートタイム労働者　93-95
パパクォータ制　90
晩婚化　53
避妊法　73
標準家族モデル　110
ピル　74

不安定雇用　106
フェミニスト・セラピー　155
フェミニズム　2
婦人参政権運動　2
不妊　77
フリーター　105
法律上の平等　2
暴力　123
母性神話　88
母体保護法　74
ホモ・ソーシャル　115
ポルノグラフィー　118, 132

ま・や・ら行

未婚化　60
密室育児　82
メンズリブ運動　30
優生保護法　74
鎧理論　32
ライフコース　69
レイプ　123, 127
　——神話　127-128
　デート・——　130

江原由美子
1952 年生まれ
東京大学大学院社会学研究科博士課程中退
現在―東京都立大学名誉教授
専攻―社会学，ジェンダー・スタディーズ
著書―『増補 女性解放という思想』(筑摩書房，2021 年)
　　　『新編 日本のフェミニズム』全 12 巻(共編，岩波書店，2009-2011 年)ほか
　　　『ジェンダーと社会理論』(共編，有斐閣，2006 年)
　　　『ジェンダー秩序』(勁草書房，2001 年)
　　　『フェミニズムのパラドックス』(勁草書房，2000 年)

山田昌弘
1957 年生まれ
東京大学大学院社会学研究科博士課程単位取得退学
現在―中央大学文学部教授
専攻―家族社会学，感情社会学
著書―『新格差社会』(朝日新聞出版，2021 年)
　　　『少子社会日本』(岩波書店，2007 年)
　　　『迷走する家族』(有斐閣，2005 年)
　　　『希望格差社会』(筑摩書房，2004 年)
　　　『近代家族のゆくえ』(新曜社，1994 年)ほか

岩波テキストブックスα
ジェンダーの社会学 入門

2008 年 4 月 24 日　第 1 刷発行
2021 年 6 月 4 日　第 10 刷発行

著　者　江原由美子・山田昌弘
発行者　坂本政謙
発行所　株式会社 岩波書店
　　　　〒101-8002 東京都千代田区一ツ橋 2-5-5
　　　　電話案内 03-5210-4000
　　　　https://www.iwanami.co.jp/

印刷・理想社　カバー・半七印刷　製本・中永製本

© Yumiko Ehara and Masahiro Yamada 2008
ISBN 978-4-00-028048-8　Printed in Japan

[岩波テキストブックスα] 歴史学入門 新版	福井憲彦	A5判 174頁 定価2200円
[岩波現代文庫] 差異の政治学 新版	上野千鶴子	A6判 528頁 定価1760円
[岩波新書] 社会学入門 ──人間と社会の未来──	見田宗介	新書判 216頁 定価 946円
少子社会日本 ──もうひとつの格差のゆくえ──	山田昌弘	新書判 238頁 定価 902円
岩波小辞典 社会学	宮島 喬 編集	B6新判 300頁 定価 3300円

――― 岩波書店刊 ―――

定価は消費税10%込です
2021年6月現在